어린이를 위한

하룻밤에 읽는

한국사

일러두기

※ 맞춤법과 띄어쓰기는 국립국어원에서 펴낸 〈표준국어대사전〉을 기준으로 삼았습니다.

※ 이 책에 수록된 사진 중 저작권자의 허가를 받지 못한 일부 자료는, 계속해서 저작권자의 허락을 구하고 필요한 경우 통상의 기준에 따라 사용료를 지불할 계획입니다.

어린이를 위한 하룻밤에 읽는 한국사 2

개정판 | 1쇄 | 2014.03.13.
특별판 | 1쇄 | 2016.08.11.
특별판 | 5쇄 | 2023.12.20.

지 은 이 | 최용범, 이우형
그 린 이 | 박기종

펴 낸 이 | 최용범
펴 낸 곳 | 페이퍼로드
출판등록 | 제10-2427호(2002년 8월 7일)

서울시 동작구 보라매로5가길 7 1322호

편   집 | 김현미, 김정주, 양현경
마 케 팅 | 정현우
관   리 | 강은선
디 자 인 | 박성진

이 메 일 | book@paperroad.net
커뮤니티 | blog.naver.com/paperoad
페이스북 | www.facebook.com/paperroadbook
Tel | (02)326-0328   Fax | (02)335-0334

ISBN 979-11-86256-19-0 64910
     979-11-86256-17-6(세트)

어린이를 위한
하룻밤에 읽는
한국사

글 최용범 · 이우형
그림 박기종

페이퍼로드
paperroad

게임보다 재미있는 역사랑 탐정 놀이 하자!

서양의 어느 유명한 역사가는 이렇게 말했습니다.

"역사란 과거와 현재의 끊임없는 대화다."

무슨 말일까요? 과거와 대화한다니 알 것 같기도 하고 모를 것 같기도 합니다. 우리가 일기를 쓰는 이유를 찬찬히 생각해 볼까요? 일기를 쓰려면 우선 오늘 하루를 돌이켜 보게 되지요. 잘한 일, 잘못한 일이 떠오를 겁니다. 그러고는 잘못한 일은 다시 하지 말자고 다짐하게 되지요.

우리 역사도 마찬가지입니다. 5000년 한국의 역사를 보면 우리가 자랑스럽게 여길 사건, 다시 반복해서는 안 될 일들이 드라마처럼 펼쳐집니다. 광개토 대왕이 만주 벌판을 누볐던 고구려의 역사를 볼 때면 우리의 가슴은 두방망이질합니다. 그러나 100년 전, 변화하는 세계에 적응하지 못해 제국주의 국가들의 먹잇감이 되다 끝내는 일본의 식민지가 돼버린 우리나라의 역사는 부끄럽기 짝이 없습니다. 이런 역사는 되풀이되어서는 안 됩니다. 과거를 차분하게 돌이켜 보며 우리가 가야 할 길과 가지 말아야 할 길을 찾는 것이 바로 우리가 역사를 배우는 이유입니다. 결국 역사는 케케묵은 옛 이야기가 아니라 빛나는 오늘과 내일을 찾기 위한 지혜의 보물 창고인 셈이지요.

그렇다고 역사가 고리타분하게 교훈만 늘어놓는다면 정말 따분하겠죠? 하지만 걱정할 것 없습니다. 역사 속에는 재미와 감동이 더 많으니까요. 단군 신화나 고구려 · 백제 · 신라의 탄생 신화는 읽을수록 신기합니다. 원래 곰이었다가 여자로 변해 단군을 낳은 이야기나, 고구려를 세운 주몽과 신라의 시조 박혁거세가 모두 알에서 태어났다는 설화는 믿기지 않는 얘기지만 책장에서 손을 떼기 힘든 재미있는 이야기지요. 물론 사람이 알에서 태어날 리는 없습니다. 그렇다면 이런 건국 설화가 말하고자 하는 것은 무엇일까요? 그 답은 바로 『어린이를 위한 하룻밤에 읽는 한국사』 안에 있습니다.

역사를 공부하는 데도 상상력이 필요합니다. 기록되지 못한 역사적 사실, 혹은 기록된 사실을 해석하는 일에도 상상력은 중요한 역할을 합니다. 누가, 어떻게 해석하느냐에 따라 역사는 전혀 다른 것으로 변하기도 하지요. 그래서 역사는 남겨진 증거로 누군가의 자취를 찾아내는 탐정처럼 모험이 넘치고 게임보다 재밌을 때가 있습니다.

이 책은 그런 역사의 매력을 흠뻑 느낄 수 있도록 짜여 있습니다. 한 시대를 대표할 만한 사건들을 추적하여 그것이 담고 있는 의미를 전체 역사 속에서 살펴볼 수 있도록 했지요. 또 가능하면 역사적 인물이 주인공이 되어 사건을 펼쳐 가도록 함으로써 더욱 흥미진진하게 역사를 접할 수 있도록 했습니다.

아무쪼록 이 한 권의 책을 통해 여러분이 역사와 특별한 친구가 되었으면 합니다. 만약 마지막 책장을 넘긴 뒤에 '역사를 더욱 깊이 공부해 보고 싶다'는 생각을 갖게 된다면 두 아저씨는 더 바랄 게 없습니다.

최용범, 이우형 두 아저씨가

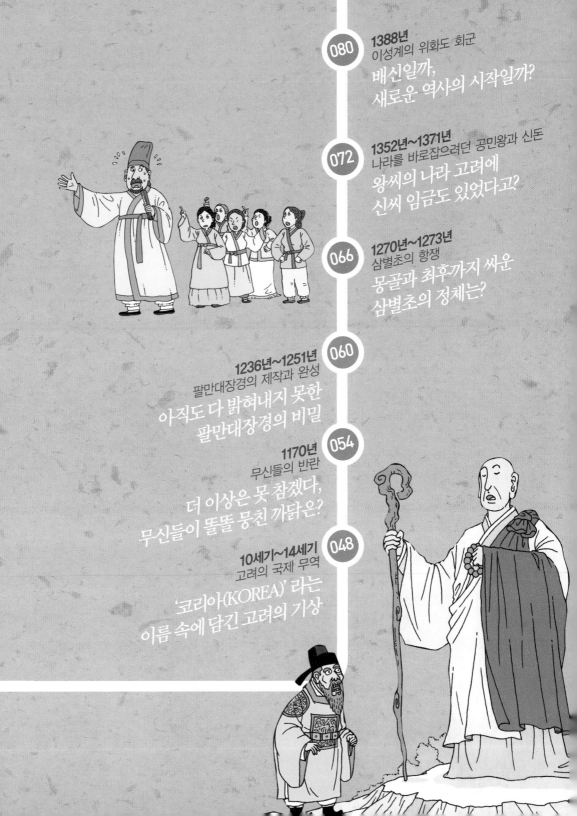

2

가장 가까운 옛날, 조선 시대가 펼쳐지다

어린이를 위한 하룻밤에 읽는 한국사

1

세계 속의 코리아, 고려 시대의 시작

● 중국, 송나라 건국

● 여진족, 금나라 건국

● 몽골의 테무진, 칭기즈칸이 되다

● 원나라 건국

● 원나라 멸망, 명나라 건국

960년 1115년 1206년 1271년 1368년

● 918년~1274년 | 자주적인 나라 고려

고려에는 왕이 아닌 황제가 있었다?

후삼국을 통일한 고려에게는 포기할 수 없는 꿈이 있었지요. 그것은 바로 잃어버린 북쪽의 영토를 되찾고 나라의 힘을 키워 고구려의 영광을 계승하는 것이었답니다.

신라의 반쪽 통일을 완성한 고려

고려의 후삼국 통일은 우리 민족을 다시 하나로 만드는 위대한 사건이었습니다. 신라 말부터 세 나라로 갈라졌던 우리 민족이 다시 하나의 나라로 뭉쳐 살게 된 것입니다. 여기에 고려는 북쪽으로부터 내려온 발해의 유민들을 받아들였습니다. 926년 발해가 거란족의 요나라에게 멸망하자 태조 왕건은 한 민족이던 이들을 따뜻하게 맞아들인 것이지요. 이렇게 하여 고려는 신라가 이루었던 반쪽 통일을 온전히 완성시키게 되었습니다.

하지만 아직 부족한 게 있었습니다. 통일은 이뤘지만 고구려의 옛 땅까지 되찾지는 못한 것이지요. 고구려를 계승하며 나라 이름까지 그대로 본뜬 고려. 북쪽의 땅을 되찾기 위해 고려 사람들은 나라가 망하는 순간까지 '북진 정책'을 포기하지 않았습니다. 말 그대로 북쪽으로 나아가 광활한 영토를 되찾겠다는 늠름한 기상을 잃지 않은 것이지요.

하지만 이것은 쉬운 일이 아니었습니다. 고려 건국 이후 중국 땅에는 송나라, 요나라, 금나라, 원나라 등 여러 나라가 세워졌습니다. 이들은 하나같이 고려에게는 몹시 버거운 상대들이었지요. 고려는 북진 정책을 포기하지 않으면서도 이들의 침략을 막기 위해 지혜를 발휘해야 했습니다. 때로 사신을 보내 고려의 임금을 정식 국왕으로 인정해 달라는 부탁을 하는 경우도 있었습니다.

자존심이 상한다고요? 하지만 그렇게 느끼지 않아도 좋습니다. 이것은 단지 고려의 필요에 의한 것이었으니까요. 고려는 오히려 이렇게 생긴 기회를 전쟁을 피하고 나라의 힘을 기르는 데 이용했습니다. 그래서 중국 땅에 세워진 강대국들은 고려의 움직임에 늘 많은 신경을 쓸 수밖에 없었습니다. 고려의 힘이 점점 강해지는 것을 느낄 수 있었으니까요.

황제의 나라를 선언하다

강대국들도 두려워한 고려의 국력과 드높은 자부심. 이것은 고려가 스스로를 '황제의 나라'로 생각했던 점에서도 잘 나타납니다. 고려는 뒷날 원나라에 점령당했을 때만 빼놓고는 이런 생각을 한 번도 버린 일이 없지요. 또 황제의 나라에 걸맞은 제도를 갖추고 말 한마디도 이에 어긋남이 없도록 했습니다.

고려의 조정은 2성 6부로 이루어져 있습니다. 2성이란 중서문하성과 상서성을 가리키는 말입니다. 또 6부는 이·호·예·병·형·공 등 6개의 부서를 말하는 것이지요. 이것은 황제의 나라 중국과 똑같은 조직 구성이었습니다. '성'과 '부'를 중심으로 한 정부 조직은 황제의 나라에서만 찾아 볼 수 있는 제도였으니까요. 조선이 스스로를 신하의 나라로 여기며 6조 체제를 갖추었던 것과 비교하면 큰 차이가 있는 일이었지요. '조'란 바로 신

짐이 선황의 뒤를 이어 고려를 빛낼 것이니라!

하의 나라가 갖는 제도였기 때문입니다.

이밖에도 고려 사람들의 자부심을 나타내는 예는 많습니다. 고려의 임금들은 황제가 자신을 가리키는 '짐'이라는 말을 사용했습니다. 또 왕위를 이을 세자 역시 중국처럼 '태자'라고 부르게 했지요. 백성들도 마찬가지입니다. 이들은 임금이 계신 서울을 '황도황제의 도시'라 하고, 왕이 죽으면 '선황돌아가신 황제'이라 부르며 업적을 칭송했습니다.

이런 실력과 자부심을 바탕으로 제4대 광종(재위 949년~975년) 때부터는 아예 황제의 나라를 선포한 일도 있습니다. 광종은 자신을 황제라 부르게 하고, 중국과는 다른 '광덕', '준풍' 등의 연호를 사용하도록 한 것입니다. 연호란 황제가 즉위한 뒤부터 1년을 세는 단위를 말합니다. 중국을 섬기던 나라는 어김없이 중국 황제가 사용하는 연호로 해를 세야 했지요. 고려만의 독자적인 연호를 갖게 된 것은 그만큼 황제국의 자격을 갖추게 되었다는 뜻입니다.

고려를 침략한 강대국들은 어김없이 값비싼 대가를 치렀습니다. 때로 고려를 공격하기 위해 너무 힘을 쏟아 나라가 망할 정도였으니 고려가 가진 막강한 힘을 잘 알 수 있습니다.

지도를 보면 한반도는 고래 등에 붙은 새우처럼 작게만 보입니다. 하지만 그 새우는 고래조차 함부로 넘볼 수 없는 '슈퍼 새우'와도 같았지요. 이것이 '강소국작지만 강한 나라', 고려의 참모습이었습니다.

◉ 연호란 무엇이고, 왜 사용하는 것일까?

　연호를 처음 사용한 나라는 중국입니다. 한나라 때의 무제 임금이 '건원'이라는 연호를 처음으로 사용했지요. 고려 이전 우리 민족이 세운 나라들이 사용한 연호를 살펴보면 고구려 광개토 대왕의 '영락'이란 것이 있지요. 또 신라의 법흥왕, 진흥왕, 진평왕, 선덕여왕, 진덕여왕 때도 연호를 사용한 기록이 남아 있습니다. 발해의 경우도 임금들이 저마다 하나씩 연호를 정해 사용했습니다. 하지만 고려 이후 조선이 세워지면서 우리만의 연호는 더 이상 사용되지 않았습니다. 조선의 왕이 스스로를 명나라 황제의 충성스런 신하로 생각했기 때문입니다.

나라	임금	연호	기간
고구려	광개토대왕	영락	391~12
신라	법흥왕	건원	536~550
	진흥왕	개국	551~567
	진흥왕	대창	568~571
	진흥왕	홍제	572~583
	진평왕	건복	584~633
	선덕여왕	인평	634~647
	진덕여왕	태화	647~650
고려	태조	천수	918~933
	광종	광덕	950~951
	광종	준풍	960~963

◉ 2성 6부 체제란 어떤 것이었을까?

　태조 당시 정부의 조직은 광평성, 내봉성, 내의성 등 3성 체제였습니다. 이것은 궁예의 나라 태봉의 정부 조직을 본 뜬 것이었지요. 중국의 영향을 받아 정부 조직을 바꾼 것은 고려 제6대 왕인 성종(재위 981년~997년) 때의 일입니다. 이때 중서문하성, 상서성이라는 2성 체제를 만들었는데, 중서문하성은 나라의 정책이나 법률을 정하거나 심의**심사하고 토론함**하는 일을 했습니다. 또 상서성은 이 정책과 법률을 실제로 시행하는 일을 했지요. 상서성 밑에 있던 6부는 이부, 병부, 호부, 형부, 예부, 공부로 각기 나랏일을 나누어서 맡아 했습니다. 2성 6부 제도는 당나라의 3성 체제와는 조금 다른 모습이었지요. 당나라는 중서성, 문하성, 상서성이라는 3성 제도를 갖고 있었기 때문입니다. 오랫동안 계속되던 2성 6부 체제는 원나라에 항복한 뒤 첨의부와 전리사, 판도사 등으로 이뤄진 1부 4사 체제로 변했습니다. 신하의 나라가 원나라와 비슷한 제도를 둘 수 없다는 이유 때문이었습니다. 2성 6부 체제는 1362년에 비로소 완전히 사라지게 되었지요.

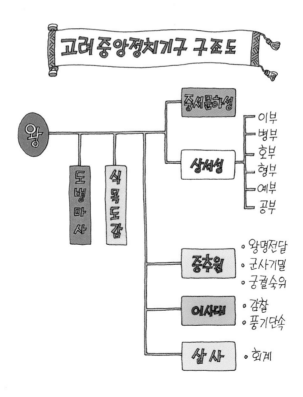

고려 중앙 정치기구 구죠도

● 중국에서
후주 건국

● 신성 로마 제국
세워짐

● 송나라 태종,
중국을 통일하다

950년　　　　　962년　　　　　979년

● 949년~975년 | 왕권을 바로 세운 광종

수많은 사람들을 죽인 임금이 가장 위대한 왕이라고?

시체가 산을 이룰 정도로 많은 사람을
죽인 임금, 하지만 노비를 풀어주고,
우수한 인재들을 발굴했지요.
광종은 무서운 악당이었을까요,
나라를 위해 노력한 왕이었을까요?

역사상 가장 무시무시한 임금

우리 역사상 가장 뛰어난 임금을 꼽으라면 여러분은 누구를 선택할까요? 아마도 한글 창제를 비롯해 수많은 업적을 남긴 세종 대왕이 아닐까요? 그런데 고려 시대 때도 세종 대왕처럼 뛰어난 임금이 있었습니다. 앞에서도 나온 광종 임금이 바로 그입니다. 광종은 고려 왕조가 5백 년 동안 큰 탈 없이 유지될 수 있도록 뿌리를 닦고 정비한 임금이라고 인정받고 있기 때문입니다.

하지만 광종은 세종과는 여러 면에서 달랐습니다. 어질고 덕이 많은 임금으로 유명한 세종과 달리 광종은 우리 역사상 가장 무서운 임금으로 알려져 있지요. 왕건 때부터 제6대 성종 때까지 여러 임금을 모셨던 최승로라는 신하는 이렇게 말합니다.

"태조 때부터 임금을 모시던 신하들 중 살아남은 사람은 겨우 40여 명에 불과했다. 임금이 죽인 시체가 산을 이룰 정도였다."

자, 이 말만 들어도 광종이 얼마나 무시무시한 왕이었는지 알 수 있겠지요? 대체 광종은 왜 그토록 많은 사람들을 죽여야 했을까요? 그러고도 고려 시대 최고의 임금으로 꼽히다니 뭔가 크게 잘못된 것은 아닐까요?

사랑해서 결혼한 게 아니었도다!

광종의 행동을 이해하기 위해서는 먼저 태조 왕건 때로 되돌아가야 합니다. 왕건이 만들어 놓은 복잡한 상황이야말로 그의 행동을 이해할 수 있는 열쇠이기 때문입니다.

왕건은 나라를 세우는 과정에서 수많은 호족**지방을 다스리던 귀족**들의 힘을 빌려야 했지요. 하지만 고려가 건국된 뒤에는 이들 때문에 큰 골치를 앓았습니다. 강한 힘을 가진 호족들이 반란을 일으킨다면 그도 궁예나 견훤처럼 되지 말란 법이 없었기 때문입니다.

이때 호족의 힘을 누르기 위해 왕건이 사용한 방법은 아주 기발했습니다. 호족의 딸을 왕비로 맞아들인 것입니다. 반란을 일으키면 자기 딸 역시 무사하지 못할 것이기 때문이지요. 이렇게 해서 맞아들인 왕비가 무려 29명! 정식 왕비인 신혜 왕후는 물론 나주 호족 오씨, 충주 호족 유씨, 신라 왕족 김씨 등이 모두 그런 경우였지요. 수많은 왕비 곁에서 좋았겠다고요? 하지만 왕건으로서는 고려를 지키기 위해 어쩔 수 없이 행한 일이기도 했습니다.

하지만 이 방법은 나중에 큰 문제를 일으키게 됩니다. 왕건과 왕비들 사이에서 34명의 자식들이 태어났기 때문입니다. 이제 호족들은 저마다 자기 외손자를 왕으로 만들기 위해 치열하게 다투었습니다. 왕건의 계획과는 달리 나라는 더욱 혼란스러워지고 말았지요.

광종이 임금이 된 건 이런 상황 속에서였습니다. 그의 앞에는 두 가지 길이 놓여 있었습니다. 호족들의 힘을 누르지 못해 고통받는 임금으로 남을 것인가. 아니면 무슨 수를 써서라도 왕권을 세우고 나라를 안정시킬 것인가. 광종은 두 번째의 길을 선택했습니다. 그의 앞길에 피바람이 몰아친 건 어쩌면 당연했습니다.

광종에 관한 엇갈린 평가

24살의 나이로 임금이 된 광종. 그러나 그는 임금이 된 뒤 아주 조용하게 지냈습니다. 7년 동안이나 쥐 죽은 듯이 숨을 삼키고 나라가 돌아가는 형편만 살폈던 것입니다. 하지만 이것은 호족들을 안심시키기 위한 광종의 계획이었습니다. 힘을 기른 광종은 7년째가 되자 과감하게 칼을 빼들었지요.

그가 호족을 누르기 위해 사용한 방법 중 대표적인 것은 '노비안검법'과 '과거 제도'였습니다. 노비안검법이란 억울하게 노비가 된 백성들을 풀어 주도록 한 법이지요. 노비들은 호족의 땅에서 일을 하며 많은 재물을 만들어 냈습니다. 또 무슨 일이 생기면 무기를 들고 호족을 위해 싸우기도 했지요. 결국 호족의 힘은 이들로부터 나오는 것이었습니다. 광종은 그 힘을 꺾기 위해 노비부터 호족들에게서 해방시키기로 작정했던 것이지요.

과거 제도 역시 마찬가지입니다. 과거 제도란 나랏일을 담당할 벼슬아치들을 시험을 통해 뽑는 제도입니다. 이전까지 벼슬아치들은 대부분 호족의 자식들 가운데서 뽑았습니다. 조정에 들어온 이들은 자신의 입맛에 맞춰 나랏일을 멋대

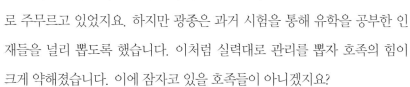

● 광종(925년~975년)
고려의 제4대 황제로 노비안검법과 과거 제도를 통해 호족 세력을 억눌러 왕권 강화를 꾀했다.

로 주무르고 있었지요. 하지만 광종은 과거 시험을 통해 유학을 공부한 인재들을 널리 뽑도록 했습니다. 이처럼 실력대로 관리를 뽑자 호족의 힘이 크게 약해졌습니다. 이에 잠자코 있을 호족들이 아니겠지요?

반발은 거셌습니다. 하지만 광종은 자신의 뜻을 거스르는 호족들을 조금도 용서하지 않았지요. 시체가 산을 이루었다는 최승로의 말은 바로 이 과정 속에서 나온 것입니다. 호족들의 입장에서는 정말 악마와도 같은 임금이었겠지요?

역사가들은 고려라는 나라 전체로 보면 광종의 행동을 부정적으로만 볼 수 없다고 얘기합니다. 광종이 그토록 많은 피를 흘리게 한 뒤에야 고려는

진정한 안정을 되찾을 수 있었으니까요. 그렇게 보면 광종 역시 나라를 위해 큰 희생을 치른 것인지도 모릅니다. 고려와 왕권을 바로 세우기 위해 스스로가 피에 굶주린 악당이 돼야 했으니까요.

✺ 광종 임금 때도 히딩크 감독 같은 사람이 있었다!

2002년 월드컵 4강의 꿈을 실현시켜 준 네덜란드 사람 히딩크 감독! 이처럼 나라의 발전을 이루기 위해서는 외국 사람들의 힘을 빌려야 할 때가 있지요. 고려 때도 마찬가지입니다. 광종은 중국 후주의 신하였던 쌍기라는 사람을 불러들여 여러 가지 나랏일을 돌보게 한 일이 있었으니까요. 쌍기는 원래 사신으로 왔다가 병이 들어 고려에 머물게 된 인물입니다. 광종은 그의 뛰어난 학식과 인품을 깨닫고 조정의 신하로 임명했지요. 쌍기는 발달된 후주의 제도를 고려에 전해 주었습니다. 그 가운데 하나가 바로 과거 제도입니다. 그는 958년 과거 시험을 실시할 것을 건의하고, 그해 5월에는 시험을 감독하던 지공거라는 벼슬에도 올랐습니다.

✺ 피를 부른 경종의 복수법

광종이 죽인 건 호족들만이 아니었습니다. 왕권에 조금이라도 위협이 된다고 생각하면 피를 나눈 친척들도 마구 죽였으니까요. 이 때문에 아들인 태자조차도 늘 공포에 떨 정도였다고 합니다. 광종이 재위 26년 만에 죽자 태자가 왕위에 올랐습니다. 그가 바로 고려 제5대 임금 경종(재위 975년~981년)이지요. 아버지에 대한 미움이 가득했던 경종은 새로운 법을 만들었습니다. 광종 때 억울한 일을 당한 사람이 재판을 거치지 않고 직접 복수를 할 수 있도록 한 것입니다. 하지만 경종의 '복수법'은 더 커다란 혼란을 불러왔습니다. 모두가 평소 원한이 있던 사람을 죽이려 덤벼들었으니까요. 이 때문에 억울하게 목숨을 잃은 사람들은 더욱 늘어나게 됐습니다. 이 법 때문에 태조 왕건의 아들이자 경종의 삼촌이었던 원녕 태자와 효성 태자 역시 목숨을 잃었습니다. 그러자 정신을 번쩍 차린 경종은 1년 만에 이 법을 없애 버렸지요.

'복수법'으로 심판하겠다!

그때
세계는

일본, 송나라와
외교 관계를 맺다

불가리아와 동로마가
30년 전쟁을 시작

거란족, 요라는 나라 이름을
거란으로 바꾸다

980년   986년   992년

993년 | 거란과의 1차 전쟁

단 한 사람이 80만 명의 적을 물리쳤다고?

고려의 환심을 사기 위해 낙타 50마리를 보낸 요나라와
남쪽에서 세력을 떨치던 송나라 사이에서
고려는 빛나는 지혜를 발휘합니다. 그것은 과연 무엇이었을까요?

낙타들아, 미안해!

낙타는 사막에서 사는 동물입니다. 그런데 고려 때는 낙타가 우리나라에 잠깐 모습을 보인 일이 있었지요. 그때는 한반도가 사막이었냐고요? 흠, 그럴 리가 있나요. 이들 낙타는 외국에서 보내온 선물이었습니다. 하지만 고려 사람들은 낙타들을 일부러 굶겨 죽였지요. 잔인한 일로 생각될 수도 있겠지만, 고려 사람들로서는 그래야만 하는 사정이 있었답니다.

10세기 초 당나라가 멸망한 뒤 중국은 큰 혼란에 휩싸여 있었습니다. 거란족의 추장 야율아보기는 이런 틈을 타 북쪽의 만주 지방에 나라를 세웠지요. '요'라는 이름을 가진 나라였습니다. 그러자 후주라는 나라의 신하였던 조광윤도 중국의 남쪽 지방에 송나라를 세웠습니다. 이렇게 하여 동아시아는 남쪽의 송, 북쪽의 요, 동쪽의 고려로 나눠지게 되었지요.

낙타들은 바로 요나라가 선물한 것입니다. 송나라를 공격하려던 그들은 고려가 뒤에서 공격할까봐 몹시 겁을 냈습니다. 그래서 942년(태조 25년) 50마리의 낙타를 선물로 보내며 고려의 마음을 사려고 했던 것이지요. 하지만 왕건은 이들의 선물을 단호하게 거절했습니다. 뿐만 아니라 요나라 사신을 귀양 보내고 낙타는 굶겨 죽이도록 명령했습니다.

"발해는 원래 우리 형제의 나라인데, 임금이 지금 거란의 포로가 되었다. 나는 신하들과 힘을 합쳐서 거란을 정복하고 반드시 발해의 복수를 해 줄 것이다."

결국 애꿎은 낙타들만 목숨을 잃게 되었습니다. 하지만 발해를 동포의 나라라 생각했던 고려로서는 당연한 행동이었습니다.

서희 대 80만 대군의 소손녕, 격돌!

요나라는 왕건의 이런 행동에 몹시 분노했습니다. 고려의 버르장머리를 고쳐 주겠다며 오랜 세월 벼르는 계기가 되었지요. 그러는 사이 요나라와 송나라의 전쟁은 더욱 치열해졌습니다. 요나라는 송나라에 대한 총공격을 준비했습니다. 하지만 그 전에 요나라가 해 두어야 할 일이 있었지요. 바로 고려를 혼쭐내어 송나라를 돕지 못하도록 하는 것입니다. 993년(성종 12년), 요나라는 소손녕이라는 장수에게 80만 명의 병사를 주어 고려를 공격하게 했습니다.

요나라 군대는 순식간에 봉산군 **지금의 청천강 북쪽 지방**을 점령했습니다. 그리고는 고려 조정을 향해 빨리 항복하라고 으름장을 놓았지요. 개경은 벌집을 쑤셔 놓은 것처럼 시끄러워졌습니다. 겁에 질린 신하들은 이렇게 말했습니다.

"항복을 하든가 서경 **평양** 북쪽의 땅을 떼어 주어 요나라의 마음을 달래야 합니다."

하지만 오직 한 사람만은 그렇지 않았습니다.

"항복이라니 말도 안 됩니다. 소손녕과 담판을 지어서 거란군을 물리칠 수 있습니다."

내사시랑이라는 벼슬을 하던 서희. 그는 전쟁이 아니라 외교를 통해 요나라 군대를 물리칠 수 있다고 주장했습니다. 서희는 대체 무엇을 믿고 큰소리를 쳤을까요? 그의 자신감은 요나라의 마음을 꿰뚫고 있었기에 가능했습니다.

그 무렵 요나라 군대는 여전히 봉산에 머물러 있었습니다. 마음만 있다면 개경을 점령하는 것은 어려운 일이 아니었습니다. 그런데도 봉산에 주저앉아 큰소리만 탕탕 치고 있었지요. 서희는 그것을 지켜보며 요나라가

노리는 것은 고려의 항복이 아니라는 점을 깨달았습니다. 요나라는 다만 고려가 송나라와의 관계를 끊기만을 바랐던 것입니다.

드디어 운명의 날은 밝았고, 서희는 혼자서 소손녕을 찾아갔습니다. 80만 대군을 오직 자신의 지혜 하나로 상대하기 위해서였습니다. 과연 소손녕은 무서운 얼굴로 소리쳤습니다.

"고려는 왜 가까운 우리 대신 멀리 있는 송나라와 손을 잡느냐? 만일 우리에게 땅을 바치고 친하게 지내기로 맹세한다면 용서해 주마!"

그들의 속셈을 빤히 알고 있는 서희는 소손녕의 위협에도 아랑곳하지 않았습니다. 오히려 이렇게 꾸짖었지요.

"우리야말로 그대들에게 넘겨받을 땅이 있소이다! 요나라 땅은 우리가 이어받은 고구려의 땅이 아니오? 우리는 땅을 넘겨주는 게 아니라 돌려받아야 할 입장이오!"

서희의 호통 앞에 소손녕은 그만 입을 다물고 말았지요. 서희의 말처럼 자신들은 고구려를 이어받아 그 정신을 계승했다는 식의 이야기를 한 번도 한 적이 없었기 때문입니다. 고려야말로 그 땅의 진짜 주인과 마찬가지라는 사실을 그도 잘 알고 있었던 거지요.

송나라를 가까이 하는 문제도 마찬가지였습니다. 서희는 고려와 요나라의 중간에 살던 여진족의 방해로 사신을 보낼 수 없었다고 말했습니다. 만일 여진족이 사는 땅을 고려에게 넘겨준다면 그들을 내쫓고 앞으로는 친하게 지낼 수 있을 거라 말하기도 했지요.

소손녕은 고개를 끄덕였습니다. 서희의 외교 작전에 마음이 움직여, 군대를 돌려 요나라로 되돌아가기로 한 것입니다. 압록강과 청천강 부근의 280리의 땅을 고려 마음대로 해도 좋다는 약속을 한 채였습니다.

세 치 혀로 80만 대군을 물리치다!

그 뒤 고려는 군대를 보내 여진족을 공격했습니다. 흥화진, 통주, 용주, 철주, 곽주, 구주 등 강동 6주는 이렇게 해서 고려의 땅이 되었지요. 그 뒤 이곳은 요와의 전쟁에서 승리하는 데 큰 밑거름이 되었습니다. 그만큼 서희의 활약은 나라의 운명을 바꿀 정도로 큰 것이었습니다. 얼마 뒤 요나라는 서희의 지혜에 완전히 속았다는 걸 깨달았습니다. 그래서 강동 6주를 되돌려달라고 끈질기게 요구하게 되었습니다. 그곳이 얼마나 중요한 곳인지를 그들도 뼈저리게 느끼게 된 것입니다.

나라 안팎의 상황을 정확하게 꿰뚫어 본 한 외교관의 지혜와 용기. 고려를 위기에서 구한 것은 바로 그것이었습니다. 그래서 역사가들은 그때의 일을 이렇게 이야기하고 있지요.

"서희의 세 치 혀가 거란의 80만 대군을 물리쳤다!"

참으로 놀랍고 대단한 일입니다. 그러니 지금까지도 널리 이야기하고 있는 것이겠지요?

❂ 발해 백성들은 어떻게 고려 백성이 되었을까?

나라가 멸망한 뒤에도 발해 백성들은 나라를 되찾기 위한 노력을 끊임없이 벌여 나갔습니다. 이들에 의해 발해를 계승한 여러 개의 나라가 세워지기도 했습니다. 후발해국, 정안국, 올야국, 흥요국, 대원국 등이 그런 나라들이었지요. 하지만 이들 나라는 거란의 계속되는 공격 때문에 오래 견딜 수가 없었습니다. 그래서 많은 발해 사람들이 거란을 피해 고려로 넘어오게 되었습니다. 『고려사』에 따르면 발해 멸망 후 200여 년 동안 수십만 명의 발해 주민들이 고려로 찾아왔다고 합니다. 이들이 고려로 넘어온 것은 서로가 하나의 민족이라는 의식이 강했기 때문입니다. 그래서 고려도 이들을 따뜻하게 받아들였지요. 비록 땅은 잃었지만 고려는 이렇게 하여 우리 민족의 남북국 시대를 하나로 통일하게 된 것입니다.

❂ 서희는 어떤 신하였을까?

서희(942년~998년)는 고려 시대의 정치가이자 외교가입니다. 그는 경기도 이천 지방에 자리를 잡은 호족의 집안에서 태어났습니다. 아버지에 이어 자신도 재상을 지냈고, 손녀는 현종의 왕비가 되는 등 성공한 벼슬아치로 일생을 보냈습니다. 하지만 그의 성공은 좋은 집안보다도 그 자신의 뛰어난 능력이 밑바탕이 되었습니다. 그는 927년 오랫동안 끊겼던 송나라와의 외교 관계를 다시 잇는 등 많은 업적을 남겼던 것입니다. 또 서희는 성품이 강직하고 덕이 많은 사람이었다고 합니다. 이 때문에 임금의 많은 사랑을 받았습니다. 그가 병이 들어 개국사라는 절에 머물러 있을 때 성종이 직접 그곳을 찾아왔을 정도입니다. 이때 성종은 임금의 옷 한 벌과 말 세 필, 곡식 1천 석을 부처님께 시주하며 서희의 병을 완쾌시켜 달라고 빌었다고 하지요.

● 서희(942년~998년)

고려의 정치가 서희는 소손녕과 80만 대군에 맞서 뛰어난 외교술로 요나라를 물리쳤다.

그때 세계는

- 송나라에서 나침반과 화약 발명
- 덴마크 왕 크누드가 영국의 왕이 됨
- 불가리아 제1왕국이 멸망하고 동로마 제국에 합쳐짐
- 프랑스에 흉년이 들어 수많은 사람이 죽음

1000년　　1016년　　1018년　　1030년

○ 1010년~1019년 | 계속되는 거란과의 전쟁

서희가 거둔 외교의 승리를 칼로 완성하다

호시탐탐 고려를 넘보던 요나라는 결국 10만 대군을 이끌고 쳐들어오지만, 순순히 당할 순 없지요. 우리 민족이 거둔 가장 찬란한 전투 중 하나, 구주대첩의 현장으로 가 볼까요?

다시 시작된 거란의 침략

서희와의 담판으로 아무 소득 없이 되돌아간 요나라. 하지만 다른 나라와의 전쟁에서는 그렇지 않았습니다. 바로 남쪽의 송나라에게 큰 승리를 거둔 것이지요. 싸움에서 진 송나라는 요나라와 형제의 맹세를 맺었습니다. 겉으로는 송나라가 형, 요나라가 동생이 되었습니다. 하지만 송나라는 진정한 요나라의 '형님'이 될 수 없었습니다. 매년 은 10만 냥과 비단 20만 필을 요나라에 바쳐야 했으니까요. 참 이상한 형제 사이가 아닐 수 없습니다.

송나라를 이기고 의기양양해진 요나라는 다시 한 번 고려로 눈길을 돌렸습니다. 지난날 잃었던 강동 6주를 되찾고 고려의 항복을 받아 내겠다는 생각이었지요. 1010년(현종 1년), 요나라 성종 임금은 40만 대군을 이끌고 고려로 쳐들어왔습니다.

하지만 그들은 고려 땅에 들어선 순간부터 큰 어려움을 겪었습니다. 양규, 김숙흥 등 고려의 장군들이 지키는 강동 6주 전투에서 크게 패했기 때문입니다. 이렇게 되자 요나라 군대는 강동 6주를 단념할 수밖에 없었습니다. 그들은 대신 다른 길을 통해 개경을 직접 공격하기로 했습니다. 이를 예상하지 못했던 고려는 결국 개경을 넘겨주고 말았습니다.

요나라 병사들은 궁궐과 많은 집들을 불태우며 못된 짓을 저질렀습니다. 하지만 고려 임금의 항복을 받아 내겠다는 꿈은 이룰 수 없었습니다. 현종이 멀리 남쪽으로 피난을 갔기 때문입니다.

요나라 군대는 개경에서 오래 머무를 수 없었습니다. 호시탐탐 뒤를 노리는 강동 6주의 고려군 때문이었습니다. 결국 요나라 군대는 7일 만에 되돌아갈 수밖에 없었지요. 고려 임금이 요나라로 찾아가 신하의 예의를 다하겠다는 약속을 받고서였습니다.

하지만 되돌아가는 길도 쉽지는 않았습니다. 곳곳에 숨어 있던 고려 병사들이 쉴 새 없이 공격해 왔기 때문입니다. 결국 요나라 군대는 엄청난 피해를 입고서야 간신히 고려를 벗어났습니다. 거란으로서는 아무 것도 얻은 게 없었던 전쟁이었지요. 역사에서는 이것을 거란의 2차 침략이라 부르고 있습니다.

마지막 힘을 다해 싸운 늙은 장수, 강감찬

요나라의 군대가 물러난 뒤 고려는 약속을 지키지 않았습니다. 현종이 병에 걸렸다는 핑계를 대고서였습니다. 사실 고려는 처음부터 약속을 지킬 생각이 없었습니다. 임금이 요나라로 들어가 인사를 올린다는 것은 무슨 뜻일까요? 바로 거란의 신하가 되겠다는 것입니다. 자부심 높은 고려로서는 도저히 받아들일 수 없는 일이었지요.

● 강감찬(948년~1031년)
고려의 장수로 71세의 나이에 요나라 10만 대군을 물리쳤다.

기다려도 기다려도 오지 않는 고려 임금. 요나라는 또 한 번 속았다는 것을 깨달았지요. 그들은 다시 한 번 고려를 공격할 준비를 시작했습니다. 하지만 이번에는 고려도 순순히 당할 생각이 없었습니다. 20만 명이나 되는 병사들을 훈련시키며 요나라의 침략에 대비하고 있었던 것이지요.

요나라는 마침내 제3차 전쟁을 일으켰습니다. 1018년(현종 9년), 소배압이라는 장수로 하여금 10만 대군을 이끌고 고려를 공격하게 한 것입니다. 고려의 20만 병사들을 이끌고 있던 이는 강감찬(948년~1031년)이라는 뛰어난 장수였습니다. 그는 이미 71살이나 된 늙은 장수였지요. 하지만 그는 나라를 위해 마지막으로 공을 세울 수 있기를 바라고 있었습니다. 그리고 이 전쟁을 통해 강감찬은 자신의 꿈을 이루고 민족의 영웅으로 길이 남게 되었지요.

고려를 깔본 대가는 멸망이었다!

고려의 20만 대군은 안주라는 곳에서 요나라 병사들을 기다렸습니다. 강 감찬 장군은 날쌘 병사 1만 2천 명을 뽑아 홍화진성의 산기슭에 몸을 숨기 게 했습니다. 그러고는 큰 새끼줄로 쇠가죽을 꿰어 냇물을 막았습니다. 모 아 놓은 물로 요나라 군대를 공격하기 위해서였지요.

아무 것도 모르는 요나라 병사들이 산기슭으로 다가왔습니다. 숨죽이며 기다리던 고려 병사들은 막아 두었던 쇠가죽을 터뜨렸습니다. 요나라 병사 들은 성난 물결에 휩싸여 큰 혼란에 빠졌습니다. 고려군은 이 틈을 놓치지 않고 적을 공격하여 큰 승리를 거두었습니다.

이 싸움에서 진 요나라 병사들은 더 이상 싸울 의지를 잃고 말았습니다. 그들은 그저 무사히 요나라로 돌아갈 수 있기만을 바랐지요. 하지만 순순 히 보내줄 고려 병사들이 아니었습니다. 강감찬 장군은 강동 6주의 하나인 구주 벌판에서 이들과 정면으로 승부를 벌였습니다. 이미 자신감을 잃은 요나라 병사들은 용감한 고려군의 적수가 될 수 없었습니다.

이 전투를 통해 살아 돌아간 요나라 병사는 겨우 수천 명. 10만 명이나 되는 병사들이 고려 땅을 무덤으로 삼게 된 것입니다. 이것이 역사에 길이 남은 '구주대첩**구주에서 거둔 큰 승리**'입니다. 이 대첩은 을지문덕 장군의 살수 대첩, 이순신 장군의 한산 대첩과 함께 우리 민족이 거둔 가장 찬란한 승리 로 꼽히고 있지요.

● 서울 지하철 2호선 낙성대역에 있는 강감찬 장군의 모자이크 벽화
강감찬 장군이 이끈 구주 대첩의 승리를 기념하기 위해 만들어졌다.

　　지난날 서희는 외교를 통해 싸우지 않고 승리를 거두었습니다. 강감찬 장군은 그 승리를 칼로 완성한 것입니다. 고려와의 싸움에서 패한 요나라는 멸망의 길을 걸었습니다. 여진족이 세운 금나라와의 전쟁에서 힘을 쓸 수가 없었던 것이지요. 고려를 깔본 대가는 그처럼 값비쌌습니다. 고양이인 줄 알고 건드렸던 고려는 사실 호랑이였던 셈입니다.

◉ 하늘의 별이 떨어져 태어난 아이가 강감찬 장군이었다고?

서울에 있는 지하철 2호선을 타고 가다보면 신림, 봉천, 서울대입구역을 지나 낙성대역이 나옵니다. 그런데 이 낙성대역은 강감찬 장군과 깊은 관계가 있는 곳이지요. 낙성대란 '별이 떨어진 터'라는 뜻입니다. 이곳은 바로 강감찬 장군의 옛 집터가 있었던 곳이지요. 948년 이곳에는 한 중국 사신이 지나가고 있었다고 합니다. 그는 하늘에서 큰 별이 떨어지는 것을 보고 놀라 부하에게 '저 별이 떨어진 곳을 찾아 보고 오라'고 명령을 내렸지요. 부하가 찾은 곳은 어느 집이었고, 그곳에서는 한 아기가 태어났습니다. 그 아기가 바로 강감찬 장군이었지요. 구주 대첩이 일어난 뒤 마을 사람들은 강감찬 장군의 공을 기려 그 자리에 3층 석탑을 세웠다고 합니다. 그리고 그 석탑에 '강감찬, 낙성대'라는 글자를 새겨 놓았습니다. 어린 시절부터 아주 비범한 재능을 타고 태어난 강감찬 장군의 모습을 엿볼 수 있는 이야기입니다.

◉ 고려 장수의 늠름한 기상을 알린 강조

강조(?~1010년) 장군은 거란의 2차 침입 때 고려를 위해 싸웠던 인물입니다. 그는 강동 6주의 고려군을 피해 개경 쪽으로 내려오는 거란군과 맞서 큰 승리를 거두었지요. 하지만 그는 수많은 거란군의 공격을 견디지 못하고 결국 포로가 되고 말았습니다. 거란의 성종은 용감한 강조를 죽이기 싫어서 자신의 부하가 되어 달라고 말했습니다. 하지만 강조는 오히려 이렇게 성종을 꾸짖었다고 합니다.

"나는 고려의 신하인데 어떻게 너의 신하가 되겠는가?"

또 강조는 이현운이라는 부하 장수가 성종의 권유를 받아들이자 그를 발길로 차면서 이렇게 꾸짖기도 했습니다.

"고려인의 긍지를 잃지 말고 순순히 목숨을 바쳐라."

늠름한 기상을 잃지 않던 강조 장군은 결국 거란군에게 목숨을 잃고 말았습니다.

제1차 십자군 원정

중국에서 북송 멸망하고
남송이 건국됨

금나라의 공격으로
남송의 고종이
바다로 피신함

제2차 십자군 원정

1096년   1127년   1129년   1147년

1135년 | 묘청의 반란

그때 평양으로 나라의 수도를 옮겼다면 어떻게 되었을까?

우리 역사에 한 스님이 나라의 수도를 옮길 것을 주장하다가 뜻이 좌절되자 무기를 들고 반란을 일으킨 적이 있었습니다. 엥? 스님이 무기를 들었다구요? 대체 무슨 일일까요?

땅의 기운이 다했도다!

우리 역사 1천 년 동안 벌어진 가장 큰 사건

독립운동가이자 역사학자인 신채호(1880년~1936년) 선생은 이렇게 말한 일이 있습니다.

"'묘청의 난'은 우리 역사 1천 년 동안에 벌어진 가장 큰 사건이다."

묘청의 난은 1135년, 인종 임금 13년에 일어난 사건입니다. 묘청은 그 무렵에 살았던 스님이지요. 그런데 이거 참 알쏭달쏭하군요. 스님이 반란을 일으켰고 그것이 1천 년 역사에서 가장 큰 사건이 되었다? 대체 묘청의 난은 어떤 사건이었을까요? 왜 이 사건은 그처럼 엄청난 평가를 받게 되었을까요?

묘청(?~1135년)은 도참 사상으로 인종의 마음을 사로잡았습니다. 오래 전 중국에서 생겨난 도참 사상은 앞날의 길흉을 점치는 예언을 믿는 사상이지요. 그 무렵 고려는 임금이 예언을 믿고 나랏일을 돌봐야 할 만큼 몹시 혼란스러웠습니다. 귀족들의 반란이 일어나고, 북쪽에서는 금나라가 침략할 기회를 노렸습니다. 백성들은 고향에서 도망쳐 거지 떼가 되거나 도둑으로 변해갔지요. 나라를 바로잡을 수 없었던 인종은 묘청에게 도움을 청했습니다. 조정에 들어온 묘청은 이렇게 주장했지요.

"개경은 이미 땅의 기운이 다 해 더 이상 나라의 서울**수도, 도읍지**이 될 수 없습니다. 서경**지금의 평양**은 새로운 기운이 힘차게 솟고 있으니 그곳으로 서울을 옮겨야 합니다."

인종의 귀는 솔깃해졌습니다. 나라의 서울만 옮기면 모든 근심 걱정이 다 풀린다니 이 얼마나 근사한 이야기입니까? 인종은 서경에 대화궁이란 궁궐을 짓고 모든 준비를 차근차근 진행시켜 나갔습니다.

하지만 오래지 않아 이들의 계획은 큰 벽에 부딪쳤지요. 귀족들이 거세게 반대했던 것입니다. 이들 중 대표적인 사람은 여러분도 잘 아는 『삼국사기』의 지은이, 김부식(1075년~1151년)이었습니다. 그의 눈에는 묘청의 주장이 어리석은 미신으로만 보일 뿐이었지요. 게다가 서경을 새로운 수도로 만들자면 엄청난 돈을 들여야 합니다. 안 그래도 어려운 나라 살림은 더욱 나빠질 게 뻔했습니다.

김부식은 금나라를 정벌하고 고구려 땅을 되찾자는 묘청의 주장에도 크게 반대했습니다. 요나라를 멸망시킨 금나라는 송나라 황제를 포로로 잡을 만큼 엄청난 힘을 자랑했습니다. 그런 나라를 공격하다니요? 자칫 고려가 망할 수도 있는 위험한 생각이었습니다.

무기를 든 스님의 반란, 그 결과는?

하지만 김부식이 그토록 반대했던 데에는 더 큰 이유가 있었습니다. 그를 비롯한 귀족들은 대부분 개경에서 살던 사람들입니다. 그런데 묘청의 주장대로 서경으로 간다면 어떤 일이 생길까요? 개경에서 쌓아올렸던 모든 것이 모래성처럼 무너질 가능성이 높았습니다. 결국 그들의 힘은 크게 약해질 게 뻔했지요.

사실 묘청과 인종이 노리는 것도 바로 그것이었습니다. 귀족들이 첩첩산중 가로막고 있는 개경 안에서는 아무 일도 할 수 없었으니까요. 묘청과 그를 반대하는 귀족들 간의 싸움은 점점 더 치열해져갔습니다. 묘청 대 김부식. 서경 대 개경의 싸움. 그 결과에 따라 나라의 운명은 크게 달라질 수밖에 없었지요.

하지만 뜻밖의 일이 일어났습니다. 인종의 마음이 점차 김부식 쪽으로 기울었던 것입니다. 묘청을 조정에 불러들이고 서경에 궁궐까지 지었던 인종. 그는 왜 마음을 바꾸게 되었을까요? 나랏일 전체를 두루 살펴야 하는 임금으로서 인종은 현실에 맞는 주장을 펼치는 김부식을 외면할 수 없었던 것이지요.

이렇게 되자 묘청은 무기를 드는 것밖에 자신의 뜻을 펼칠 방법이 없다는 걸 깨달았습니다. 1135년(인종 13년), 묘청은 조광, 유참 등의 신하와 함께 서경에서 반란을 일으켰습니다. 하지만 충분한 준비도 없이 시작된 반란은 너무나 어설펐습니다. 묘청은 반란이 시작된 지 겨우 한 달 만에 부하에게 목숨을 잃고 말았습니다. 나머지 반란군들도 김부식이 이끄는 고려 관군을 당해 낼 수 없었지요. 그들은 겨우 일 년 만에 모조리 전멸당하게 되었습니다. 이와 함께 묘청의 웅대한 꿈도 연기처럼 사라지게 되었지요.

묘청과 김부식, 과연 누가 옳았던 것일까?

그렇다면 남아 있는 궁금증을 풀어 봐야겠지요? 신채호 선생은 왜 이 사건을 그처럼 중요하게 생각했던 것일까요?

선생은 묘청의 난이 우리가 강한 민족으로 거듭날 마지막 기회였다고 말합니다. 서경으로 가는 길이 막히자 북진 정책도 함께 좌절하고 말았다는 것이지요. 대륙으로 뻗어나가지 못한 우리는 한반도 안에 갇혀 강대국들의 눈치나 살피는 신세가 되고 말았다는 것입니다. 실제로 역사는 이를 증명해줍니다. 묘청의 난 이후 우리는 강대국들에게 고통을 받다가 몽골, 일본 등에게 나라를 잃기도 했으니까요. 선생의 말씀에 고개가 끄덕여지는 건 그 때문이지요.

하지만 묘청에게는 큰 문제점이 있었습니다. 자신의 주장만 앞세우며 나라 안팎의 사정은 정확히 살피지 못했다는 것입니다. 금나라와의 전쟁은 용기만으로 이길 수 있는 싸움이 아닙니다. 또 묘청 자신의 죽음에서 드러나듯 그는 실천보다 말이 앞서는 경우가 많았지요.

묘청보다 현실을 정확하게 읽었던 김부식에게도 물론 문제는 있었습니다. 서경으로 가자는 주장에만 반대했을 뿐, 어떤 방법으로 나라를 구할 것인지에 대해서는 명확한 답을 주지 못했던 것입니다. 결국 묘청의 반란이 일어난 지 50년 만에 개경 귀족들은 처참한 죽음을 맞게 됩니다. 그들이 천대하던 무신들의 반란 때문이었지요. 이 반란은 고려의 문제점들이 해결되지 못한 끝에 곪아서 터진 사건이었지요. 그리고 100년 뒤 고려 사회는 몽골의 침략으로 말할 수 없는 고통을 겪게 됩니다.

자, 그렇다면 두 사람 중 옳았던 것은 과연 누구였을까요? 역사는 누구의 손을 들어 주어야 하나요? 여러분이 한번 생각해 보세요.

❀ 거짓으로 인종의 마음을 사려 한 묘청

묘청은 인종의 마음을 돌리기 위해 거짓말을 이용하기도 했습니다. 그는 대동강 물에 기름을 넣은 떡을 가라앉혀 물 위에 뜬 기름이 오색 무지개처럼 보이게 만들었습니다. 그리고 인종을 찾아가 이렇게 말했지요. "신령스런 용이 침을 토해 오색 구름을 만들었으니 서경으로 도읍지를 옮기면 금나라를 꺾을 수 있습니다." 하지만 이 속임수는 금방 들통 났고 묘청은 더욱 큰 곤경에 빠지고 말았지요. 또 묘청은 평소에 자신이 비바람을 다스릴 수 있다고 자랑하곤 했습니다. 하지만 인종이 서경으로 가는 길에 폭풍우를 만나 말이 죽고 사람이 다치는 일이 생겼습니다. 이런 일이 계속되자 인종의 마음은 묘청에게서 더욱 멀어질 수밖에 없었지요. 결국 나라의 운명은 속임수로는 바꿀 수 없었던 것입니다.

과연 오색구름 이로다!

❀ 나라가 어지러울 때 유행하는 도참 사상

도참 사상은 앞날에 닥칠 여러 가지 일을 상징적인 말을 통해 나타냈습니다. 예를 들어 신라 말의 대학자 최치원은 "계림은 누런 잎이요, 송악은 푸른 소나무다"라고 예언을 한 일이 있지요. 여기서 계림이란 신라를 뜻하는 말입니다. 곧 신라는 누런 잎처럼 이미 생명을 다하고 왕건이 있던 개경은 푸른 소나무처럼 세상의 주인이 될 거라는 뜻입니다. 오래 전 중국에서 생겨난 도참 사상은 사회가 혼란스럽거나 나라가 바뀔 때 크게 유행했습니다. 우리나라에서는 신라 말의 혼란 속에서 승려 도선이 도참 사상을 널리 퍼뜨렸지요. 도참 사상은 특히 풍수지리설이라는 것과 합쳐져 더욱 널리 퍼져갔습니다. 풍수지리설이란 사람의 행복이 산이나 물, 땅의 기운을 제대로 이용함으로써 이루어진다는 생각입니다. 나라의 서울을 정하거나, 조상의 묘를 쓰는 것, 집터를 결정하는 일 따위도 모두 이런 기운에 따라야 한다는 것이지요. 묘청의 주장 역시 도참 사상과 풍수지리설에 의한 것이었습니다.

● 십자군이
콘스탄티노플을
약탈하다

● 발슈타트에서
독일·네덜란드 연합군이
몽골군에 패함

● 터키 지역을 중심으로
오스만투르크 제국이
건국됨

1204년　　　　　　1241년　　　　　　1299년

◯ **13세기** | 고려 시대의 위대한 문화유산

세계 최초의 금속 활자가 부끄러운 보물일 수도 있다고?

인쇄기가 없던 시절에는 나무를 파서 만든 활자로 책을 만들었어요.
그러다가 우리 민족이 세계 최초로 금속으로 된 단단한 활자를 만들었대요!
그런데 아직도 그 사실을 모르는 이들이 많아요. 어째서일까요?

세계 최초인데 우리는 왜?

부석사 소조여래좌상, 다라니석당, 팔만대장경, 고려청자…….

고려 시대에는 우리 민족을 대표하는 문화유산이 수없이 만들어졌지요. 그중에서도 금속 활자는 더욱 유명합니다. 세계 최초로 발명된 인쇄 기술의 꽃이니까요. 물론 세계 최초가 꼭 좋은 것이라고 이야기할 수는 없겠지요. 그래도 금속 활자는 우리 민족의 자부심을 높여주는 대표적인 보물임에는 틀림없습니다.

그런데 어떤 이들의 생각은 조금 다릅니다. 자랑스럽기보다는 안타깝고 부끄러운 보물이라는 것이지요. 뭐라고요, 금속 활자가 부끄러운 보물이라고요? 깜짝 놀랄 친구들도 있겠죠? 하지만 이들의 생각에는 그럴 만한 이유가 있답니다.

"지난 1천 년 간 인류 문명을 꽃피게 한 가장 위대한 발명품은 금속 활자이다."

미국의 《라이프》라는 잡지에 나온 말입니다. 이 말을 들은 여러분의 어깨는 더욱 으쓱거릴지 모릅니다. '흠흠, 우리 금속 활자가 그렇게 위대한 역할을 했구나' 하고 말이에요. 하지만 이 잡지가 말하는 위대한 금속 활자는 우리 것이 아닙니다. 1450년, 독일의 구텐베르크라는 사람이 발명한 서양의 금속 활자를 가리키고 있기 때문입니다.

구텐베르크가 금속 활자를 발명한 건 고려 사람들과 똑같은 이유 때문이었습니다. 나무로 만든 활자가 쉽게 닳거나 망가졌기 때문입니다. 하지만 금속 활자가 발명되자 모든 게 달라졌습니다. 튼튼한 금속 활자는 닳거나 망가지지 않았고, 수많은 책을 찍어내도 원래의 모습 그대로였습니다.

이렇게 만들어진 책들은 서양의 문명을 크게 바꾸어 놓았습니다. 금속 활자가 발명된 뒤 10년 동안 무려 800만 권의 책이 만들어졌습니다. 이제 지식은 책을 통해 세상 곳곳으로 퍼져 나가게 되었습니다. 유럽 사람들은 이것을 바탕으로 학문과 과학을 크게 발전시켰지요. 서양의 문명이 오늘날까지 세계를 이끌어 나가고 있는 것은 바로 구텐베르크의 금속 활자 덕분이었습니다.

하지만 여러분도 알다시피 세계 최초의 금속 활자는 바로 고려의 것입니다. 1377년(우왕 3년)에 펴낸 『직지심경』은 구텐베르크보다 73년이나 앞서 있지요. 그런데 우리나라에서 금속 활자가 만들어진 것은 그보다도 더 오래 전 일이라고 합니다. 이규보라는 학자의 『동국이상국집』에는 1234년에 금속 활자로 책 28권을 펴냈다는 말이 적혀 있기 때문입니다. 결국 고려의 금속 활자는 유럽보다 216년이나 앞서서 발명되었던 셈이지요.

그런데 이상한 일이지요? 216년이나 앞서서 금속 활자를 발명한 우리는 왜 인류 문명의 주인공이 되지 못했을까요?

주머니 속의 보물이 세상을 위해 쓰일 수 있을까?

이런 차이는 어디에서 생긴 것일까요? 바로 자신의 발명을 '얼마나 제대로 이용하고 발전시키려 했는가' 라는 자세에서 갈라진 것입니다.

구텐베르크는 단지 금속 활자만을 발명한 게 아닙니다. 그보다는 그것을 어떻게 이용할 것인지에 대해 더 큰 관심을 가지고 있었지요. 그래서 그는 인쇄기를 발명하는 데도 큰 힘을 쏟았습니다. 인쇄를 하는 데 가장 적당한 잉크를 개발하고, 중국에서 들여오던 종이 중에서도 어떤 것이 더 좋은지 끊임없이 연구했지요. 그 뒤에는 좋은 책을 빠른 속도로 만들 수 있는 인쇄 공장을 세우는 일에도 많은 노력을 기울였습니다. 그래서 금속 활자가 발명된 지 40년 만에 유럽에는 110개 도시에 인쇄 공장이 만들어졌습니다.

10년 만에 800만 권이라는 책이 만들어진 게 우연이 아니었던 것입니다.

● 세계 최초의 금속 활자『직지심경』

하지만 우리는 그렇지 않았습니다. 어렵게 발명한 금속 활자는 지식을 퍼뜨리는 데 별 도움이 되지 않았습니다. 그저 귀족들이 보는 불경을 조금 찍어내는 데 쓰였을 뿐입니다. 그렇게 만들어진 책도 귀족이나 조정의 책꽂이에서 먼지를 뒤집어쓰고 있는 일이 많았지요. 금속 활자가 지식을 퍼뜨리는 데 별다른 역할을 하지 못한 것입니다.

주머니 속에 들어 있는 보물은 우리의 마음을 뿌듯하게 해줍니다. 하지만 그곳에 갇혀 있는 한 세상을 위해 널리 쓰일 물건은 못 되지요. 그저 스스로만 만족할 수 있을 뿐입니다. 우리의 금속 활자가 바로 그런 경우는 아니었을까요? 발명은 했지만 세상을 위해 널리 이용되지는 못했으니까요.

결국 19세기 말 서양식 인쇄기가 들어오자 금속 활자는 세상에서 자취를 감추고 말았습니다. 세상에서 가장 위대한 것을 발명하고도 그것의 가치를 깨닫지 못했던 선조들의 지혜가 아쉬운 장면입니다.

❀ 구텐베르크의 금속 활자는 고려의 작품?

한때 미국의 부통령을 지냈고 2007년에는 노벨 평화상을 수상하기도 한 엘 고어. 그는 2005년 이렇게 말한 일이 있습니다. "서양에서는 구텐베르크가 금속 활자를 발명한 것으로 알고 있지만 사실 이것은 교황의 사절단 **중요한 임무를 띠고 외국에 파견되는 사람이나 단체**이 한국을 방문한 뒤 가져온 기술이다. 구텐베르크가 금속 활자를 발명할 때 이 사절과 이야기를 나누었는데 그는 한국에서 여러 가지 인쇄 기술을 가져온 구텐베르크의 친구였다." 그러면서 엘 고어는 이 이야기를 스위스에 있는 한 인쇄 박물관에서 알게 되었다고 밝히고 있지요. 구텐베르크가 금속 활자를 만든 건 조선 시대 세종 임금 무렵. 고어의 말대로 정말 교황의 사절단이 조선을 방문했는지는 알 수 없습니다. 기록이 남아 있지 않으니까요. 하지만 어떤 식으로든 우리나라의 금속 활자가 구텐베르크의 발명에 영향을 미친 것은 사실일 것입니다. 우리나라에서 만들어진 금속 활자와 책들이 중국에 전해지고, 거기서 다시 서양으로 흘러들어갔을 가능성이 크다는 것이지요. 어쨌든 우리 금속 활자가 문명을 발전시키는 데 큰 역할을 했다니 기뻐할 일이겠지요?

❀ 고려 시대의 문화유산에는 어떤 것들이 있을까?

고려 시대 때는 세계에 자랑할 만한 많은 문화유산들이 탄생했습니다. 이들 중 가장 먼저 꼽을 수 있는 건 역시 고려청자입니다. 처음에 청자는 도자기 표면에 무늬를 새긴 단순한 형태였지요. 하지만 나중에는 '상감 청자'라는 고려만의 독특한 청자 제작 기술이 발전해 갔습니다. 상감 청자는 그릇 표면에 들어가는 그림을 도드라지게 혹은 안으로 새겨 넣은 뒤 유약을 발라 구워내는 방법으로 만들었습니다. 상감 청자는 고려의 귀족 예술을 대표하는 유물이자 세계적으로도 아주 유명한 도자기입니다. 이밖에도 개풍의 현화사 칠층석탑, 오대산 월정사의 구층석탑, 영주 부석사의 아미타여래상과 무량수전, 관촉사 미륵불, 우리나라 건축에서 빼놓을 수 없는 자랑인 평양의 숭인전 등 수많은 문화유산들이 남아 있습니다.

1

4

5

2

3

6

● 노르망디 공국이
세워짐.
콘라트 1세가
독일 왕위에 오르다

● 교황이 콘스탄티노플
총주교를 파문,
가톨릭과 그리스 정교회가
완전히 결별

● 영국,
아일랜드를
정복

● 동로마 제국
멸망

● 영국과
프랑스 사이에
백 년 전쟁 시작

911년   1054년   1169년   1204년   1337년

◯ 10세기~14세기 | 고려의 국제 무역

'코리아(KOREA)'라는 이름 속에 담긴 고려의 기상

고려 시대에는 송나라, 일본, 저 멀리 아라비아의 상인까지 '벽란도'라는
항구에 드나들며 활발히 물건을 사고팔았어요. 어찌나 장사가 발달했던지,
당시에 고려인들이 부르던 노래에는 아내를 내기에 걸어
송나라 상인에게 뺏기는 내용도 있었답니다.

뭣이? 자기 아내를 내기에 걸겠다고?

『고려사』에는 〈예성강곡〉이라는 노래가 만들어진 사연이 이렇게 소개되어 있습니다.

어느 날 송나라 상인 하씨가 무역을 하러 고려에 왔습니다. 예성강가에 도착한 그는 그곳에서 매우 아리따운 여인을 만났지요. 그런데 안타까운 일이었습니다. 그 여인에게는 남편이 있었거든요. 혼자서 애만 태우던 하씨는 마침내 좋은 꾀를 생각해 냈습니다. 남편이 바둑을 좋아한다는 걸 알고 내기 바둑을 두자고 한 것입니다.

하씨는 바둑을 둘 때마다 일부러 져 주었습니다. 남편은 그것이 제 실력인 줄 알고 점점 더 기고만장해졌습니다. 그러자 하씨는 아주 많은 돈을 내기에 걸었습니다. 가난한 남편은 이에 맞서 자기 아내를 걸겠다고 약속했지요. 하씨는 이제껏 숨겨 왔던 바둑 실력을 뽐내며 단숨에 남편을 꺾었습니다. 결국 여인은 하씨의 차지가 되고 말았지요.

하씨는 여인을 배에 태우고 송나라로 돌아가게 되었습니다. 하지만 뜻을 이룰 수 없었지요. 배가 앞으로 나아가지 않고 계속 같은 자리만 빙빙 돌았기 때문입니다. 하늘이 여인의 간절한 기도를 들어주었던 것입니다. 이렇게 하여 여인은 집으로 돌아오게 되었습니다. 하지만 남편은 거기에 없었습니다. 아내를 팔았다는 죄책감에 시달리다 집을 나가버린 것입니다. 여인은 구슬프게 노래를 부르며 남편을 찾아 길을 떠났지요.

〈예성강곡〉의 내용을 들으며 어떤 생각을 했나요? 남편을 사랑하는 아내의 뜨거운 마음이 전해져 온다고요? 물론입니다. 하지만 가만히 살펴보면 우리는 고려 사회의 모습에 대해서도 더욱 많은 것을 알 수 있습니다. 당시 고려는 외국과의 무역이 활발했고, 자기 아내를 내기의 대상으로 내놓을 정도로 장사가 크게 발달해 있었다는 사실이지요.

'코리아'라는 이름은 벽란도에서 시작됐다!

위에 나온 노래의 무대가 된 예성강은 황해도에서 서해로 흘러들어 가던 강입니다. 이 강이 바다와 만나는 곳에 세워진 것이 바로 벽란도라는 항구입니다. 고려의 국제 무역이 주로 이루어지던 곳이지요. 이곳에는 멀리 아라비아에서 온 상인들까지도 드나들었습니다.

송나라의 무역선이 들어오면 한 번에 2백 명이나 되는 상인들이 뭍에 올라왔습니다. 이들은 주로 비단, 차, 약재, 책, 악기 등을 가져다가 개경의 시장에 내놓았지요. 이들이 가져온 상품은 주로 고려의 귀족들이 사갔는데, 그중에는 공작이나 앵무새까지 있었다고 합니다. 송나라 상인들이 고려로부터 사간 상품은 삼베와 인삼, 모시, 종이, 돗자리, 부채, 나전 칠기 등 고려의 특산물이었습니다. 특히 인삼은 뛰어난 약효 때문에 없어서 못 팔 정도로 큰 인기를 누렸다고 하지요.

송나라 외에 거란, 여진, 일본의 상인들도 활발한 무역 활동을 했습니다.

왔어요~! 왔어요~!
송나라 제일의
비단이 왔어요~!

특히 대식국이라 불리던 아라비아의 상인들도 벽란도를 자주 찾았습니다. 1024년(현종 15년)과 1040년(정종 6년)에는 이들이 수은, 향료, 물약 등의 선물을 임금에게 바쳤다는 기록도 남아 있지요. 또 이들 중에는 고려에 눌러앉아 장사를 한 사람도 있었다고 합니다. 〈쌍화점〉이라는 노래는 이 사실을 잘 보여줍니다.

쌍화 가게에 만두 사러 갔더니
회회아비 내 손을 잡네
이 소문이 가게 밖에 퍼지면 꼬마 심부름꾼,
네가 퍼뜨린 것으로 알테야……

쌍화란 밀가루 반죽 안에 채소와 팥을 넣고 찐 만두나 호떡 같은 음식을 말합니다. 회회아비란 바로 서역 상인을 말하지요. 고려의 한 여인이 쌍화를 사러 가게에 갔더니 서역 상인이 은근슬쩍 손을 잡으며 유혹을 했다는 내용입니다. 이 노래를 통해서도 고려에서 활발하게 활동하던 서역 상인의 모습을 짐작할 수 있습니다.

고려라는 이름이 세상에 알려진 건 바로 이들 때문입니다. 벽란도에 드나들거나 송나라 상인들로부터 고려의 물건을 샀던 아라비아 상인들. 그들이 고향에 돌아가 고려를 코리아라는 이름으로 알렸던 것이지요. 코리아라는 이름 속에는 상업과 무역에 힘을 쏟던 고려의 모습이 잘 드러나고 있습니다. 또 세계를 향해 활짝 열린 고려 사람들의 진취적인 기상도 담겨 있지요.

◉ 여인들을 무서워했던 고려의 벼슬아치

　예성강곡을 보면 고려의 여인들이 아주 불행한 삶을 살았을 것처럼 느껴집니다. 하지만 실제로는 그렇지 않았습니다. 고려의 여성들은 오늘날과 견주어 봐도 뒤지지 않을 만큼 큰 권리를 누리고 있었으니까요. 충렬왕 때 박유라는 벼슬아치가 겪은 일도 이것을 잘 증명해 줍니다. 박유는 몽고와의 계속된 전쟁으로 인구가 줄어들자 모든 남자들이 **첩**(정식 **부인이 아닌 아내**)을 둘 수 있게 하자고 건의했습니다. 하지만 이 말을 들은 고려의 여성들이 심한 욕을 퍼부어 결국 없었던 일이 됐다고 하지요. 이처럼 고려 여성들은 큰 힘을 갖고 있었습니다. 부모가 남겨 준 재산도 아들·딸 구별 없이 상속 받았고, 결혼을 해도 친정에서 가져온 재산과 노비는 여전히 자신의 몫으로 지킬 수 있었습니다. 부모를 모시거나 제사를 지내는 일, 족보에 이름을 올리는 일에서도 남녀 간의 차별은 거의 없었다고 합니다.

✿ 송나라의 시인 소동파가 고려와의 무역에 반대했던 이유는?

소동파(1036년~1101년)는 송나라 때의 시인이자 정치가입니다. '적벽부'를 비롯한 많은 시를 남긴 뛰어난 문장가로 이름이 높았습니다. 당나라와 송나라를 통틀어 가장 유명한 8명의 문장가 중한 사람으로도 꼽히고 있지요. 그런데 소동파는 고려와의 무역을 반대했다고 합니다. 고려의 사신과 상인들을 접대하느라 너무 많은 돈이 들어가고, 보내고 받는 물건이 너무 비싸다는 이유 때문이었습니다. 한마디로 '우리는 하나도 이익을 보지 못하는데 고려만 큰 이익을 챙기고 있다'는 것이었지요. 그만큼 고려의 장사 실력이 뛰어났던 것일까요? 하지만 거란과 싸우던 송나라로서는 고려와의 무역을 포기할 수 없었습니다. 아무 이익을 얻지 못해도 고려와 친하게 지내기 위해서는 무역만큼 좋은 방법이 없었던 거지요. 고려는 송나라와 거란과의 관계를 잘 이용하면서 많은 이익을 남길 수 있었습니다.

그때 세계는

시리아가
십자군과 전쟁을
벌이다

영국에서
옥스퍼드 대학 세워짐

이집트의
파티마 왕조 멸망

일본에서
가마쿠라 막부의
시대가 열리다

1146년   1167년   1171년   1192년

◎ 1170년 │ 무신들의 반란

더 이상은 못 참겠다, 무신들이 똘똘 뭉친 까닭은?

펜은 칼보다 강하다는 말이 있죠? 그런데 고려 시대에는 공부를 잘하는 문신들이 지나치게 높은 대접을 받기도 했습니다. 이에 나라를 지키는 무신들의 불만이 점점 쌓여서 쾅 하고 폭발하게 됩니다. 대체 무슨 일이 벌어진 걸까요?

새파랗게 젊은 신하에게 뺨을 맞은 대장군

때는 1170년(의종 24년) 8월. 당시 임금이던 의종(재위 1146년~1170년)이 무더운 날씨를 핑계 삼아 보현원이란 곳으로 놀러갔습니다. 많은 신하들을 데리고서였지요. 그는 원래 나랏일에는 관심이 없고 놀기만을 좋아하던 임금이었습니다.

모두들 왁자지껄 술판을 벌이다가 '오병수박희'란 놀이를 하게 됐습니다. 오병수박희란 택견과 같은 전통 무술의 하나로 주로 손을 써서 상대를 공격하는 것입니다. 한바탕 어지러운 대결이 펼쳐졌습니다. 이윽고 이소응이란 늙은 장군이 젊은 장수와 겨루게 되었지요.

하지만 나이 많은 이소응이 젊은 장수를 당해 낼 수 있나요? 금방 걸음아 날 살려라, 도망치고 말았지요. 이 모습을 본 한뢰라는 신하가 깔깔 웃었습니다. 그런데 이게 웬일일까요? 그냥 비웃었으면 그만이지 이소응에게 다가가 '철썩' 뺨까지 때리는 게 아니겠습니까! 얼떨결에 맞은 이소응은 그만 댓돌에서 굴러 떨어지기까지 했습니다.

나이 많은 대장군의 뺨을 때린 한뢰. 분명 대단한 신하가 틀림없었을 거라고요? 아닙니다. 그는 새파랗게 젊은 데다가 벼슬도 이소응보다 한참 아래였기 때문입니다. 그럼 한뢰는 대체 무얼 믿고 그런 행동을 했을까요? 바로 이 어이없는 사건에 고려 시대를 뒤흔든 '무신란**무신들이 일으킨 반란**'의 비밀이 숨어 있습니다.

바로 그날이 문신들의 제삿날이었다

옛날에 나랏일을 맡아보던 신하들은 문신과 무신으로 나뉘었습니다. 문신이란 요즘으로 치면 국회나 법원, 행정부의 일을 맡아보던 관리들입니다.

또 무신이란 병사들을 훈련시켜 외적의 침입에 대비하는 관리들이지요. 그런데 고려에서는 이상한 일이 벌어지고 있었습니다. 모두 똑같은 신하였건만, 문신은 좋은 대접을 받고 무신은 그렇지 못했기 때문입니다.

무신들을 푸대접하기 시작한 건 태조 왕건 때부터입니다. 그들의 반란을 두려워했기 때문이지요. 과거제를 통해 공부를 많이 한 신하들을 뽑게 되자 이런 분위기는 더욱 굳어져 갔습니다. 이제 무신들은 아무리 나이가 많고 벼슬이 높아도 소용이 없었습니다. 문신들 앞에서는 고양이 앞의 쥐처럼 굽신거려야 했으니까요.

한뢰는 자신의 행동이 얼마나 엄청난 폭풍을 몰고 올 것인지 알 수 없었을 겁니다. 이 일을 계기로 무신들의 분노가 한꺼번에 터져 나왔기 때문입니다. 대장군 정중부와 그를 따르던 이의방, 이고 등의 눈에 불꽃이 튀기 시작했습니다. 그들은 너나없이 칼을 뽑아 들고 문신들을 죽이기 시작했지요. 한뢰가 제일 먼저 칼을 맞은 건 물론입니다. 이처럼 8월의 소풍날은 문신들의 제삿날로 바뀌고 있었습니다.

놀기 좋아하던 의종도 폭풍우를 피할 수는 없었지요. 그는 무신들에 사로잡혀 얼마 뒤 거제도로 쫓겨나게 됩니다. 보현원에서 반란에 성공한 무신들은 궁궐로 쳐들어갔습니다. 그곳에 남아 있던 문신들도 죽음을 피할 수 없었습니다. 무신들이 반란을 일으킨 며칠 동안 50여 명의 문신들이 처참한 죽음을 맞았습니다. 이제 세상은 무신들의 손아귀에 들어갔습니다. 조정을 손에 넣은 무신들은 의종의 동생 익양공 호를 새로운 임금으로 앉혔습니다. 그가 바로 고려의 19대 왕인 명종(재위 1170년~1197년) 임금입니다.

조금도 나아지지 않은 백성들의 삶

무신들이 권력을 잡은 뒤 임금은 허수아비와도 같았습니다. 무엇이든 그들이 시키는 대로 고분고분 따라야 했으니까요. 임금이 그 정도라면야 문신들은 말할 것도 없습니다. 문신과 무신의 처지가 완전히 뒤바뀌게 된 것이지요.

무신들이 고려를 다스리던 시대는 그 뒤로 100년(1170년~1270년) 동안이나 계속됐습니다. 역사가들은 이때를 가리켜 '무신 정권의 시대' 라 부르고 있지요. 말 그대로 무신들이 조정을 손에 넣고 정치를 하던 시대란 뜻입니다.

무신 정권의 지도자는 정중부에서 경대승, 이의민 등으로 계속 바뀌었습니다. 그러다가 최충헌이라는 사람이 권력을 잡은 뒤에는 60년 간 최씨 집안이 나라를 움직이게 되었지요. 그래서 이때의 조정을 가리켜 '최씨 정권' 이라고도 말합니다.

세상이 바뀌어도 가난한 백성들의 삶은 달라진 것이 없었습니다. 아니, 오히려 더욱 나빠졌다고 말할 수 있습니다. 이전에는 문신들에게 뜯기던 재물을 이제 무신들에게까지 바쳐야 했으니까요. 권력을 잡은 무신들은 나라의 문제점을 고치는 데는 별로 관심이 없었습니다. 오랫동안 부귀영화와는 거리가 멀던 그들은 자신의 배를 채우는 일에 더 열중했으니까요.

그 결과 나라의 힘은 더욱 약해졌습니다. 몽고군이 침략했을 때 고려는 싸울 만한 병사들도, 전쟁을 치르기 위한 돈도 없었지요. 결국 무신란은 나라와 백성을 위한 것이 아니라 무신들 자신만을 위한 일이 되었습니다.

✿ 너희가 하는데 우리라고 못 할쏘냐!

　무신의 난은 고려 중기의 신분 제도를 큰 혼란에 빠뜨렸습니다. 모두들 무신처럼 힘이 있으면 나도 세상의 주인이 될 수 있다는 생각을 품게 된 것입니다. 이런 생각을 실천에 옮긴 것은 최충헌의 노비 만적입니다. 그는 땔나무를 하러 산에 올랐다가 많은 개경 귀족의 노비들을 만났습니다. 그리고 이들과 함께 반란을 일으켜 무신 정권을 몰아내기로 했지요. 이때 만적은 "장수와 재상의 씨가 따로 있겠는가! 우리도 할 수 있다"라고 말했다고 합니다. 하지만 이들의 계획은 한 노비가 배신을 함으로써 실패로 끝나고 말았습니다. 최충헌은 만적을 비롯한 100여 명의 노비들을 강물에 빠뜨려 죽이고 말았습니다. 하지만 이 사건이 미친 영향은 컸습니다. 그 뒤로도 수많은 백성과 노비들이 반란을 일으켜 고려의 신분 제도에 저항하는 계기가 됐기 때문입니다.

✾ 무신 정권의 지도자는 어떤 사람들이었을까?

　무신 정권의 중요한 지도자였던 정중부(1106년~1179년)는 원래 지방에서 군인 생활을 하다가 개경으로 올라온 인물입니다. 인종 임금 때 견룡대정이라는 벼슬에 올랐다가 의종 임금 때 상장군에 올랐지요. 정중부는 무신란을 일으키기 전부터 문신들에게 깊은 원한을 품고 있었습니다. 김부식의 나이 어린 아들 김돈중에 의해 수염이 불태워진 일이 있었기 때문입니다. 이 일 이후 무신들은 문신들을 몰아낼 궁리를 하게 됐다고 전해지지요. 정중부를 죽이고 무신 정권을 이끌게 된 사람은 경대승(1154년~1183년)입니다. 그는 15세에 벼슬길에 올라 25세 때 무신 정권을 이끌게 된 청년 장군입니다. 그는 무신들 사이에서 죽고 죽이는 일이 계속되자 자신도 언제 죽을지 모른다며 늘 근심을 했다고 하지요. 그는 같은 무신에 의해 죽지는 않았지만 이런 스트레스 때문에 병으로 죽고 말았습니다. 30살이라는 젊은 나이에 말이지요. 경대승 이후 권력을 잡은 이는 이의민(?~1196년)입니다. 그의 아버지는 소금 장수이고 어미니는 절의 몸종이있다고 알려져 있습니다. 그는 권력을 잡은 뒤 백성들을 함부로 괴롭히고 많은 재물을 쌓아 큰 원성을 듣기도 했지요. 그는 결국 자신의 아들과 최충헌의 동생 사이에 벌어진 다툼에 휘말려 목숨을 잃고 말았습니다.

시리아가
메소포타미아 지방의
대부분을 정복하다

영국의 존 왕이
마그나 카르타(대헌장)를
승인하다

몽골이 송나라와
연합하여 금나라를
멸망시킴

제6차
십자군 원정

1174년   **1215년**   **1234년**   **1248년**

1236년~1251년 | 팔만대장경의 제작과 완성

아직도 다 밝혀내지 못한 팔만대장경의 비밀

큰일이 생기면 나도 모르게 엄마나 아빠를 부르게 되죠?
고려인들은 무서운 몽골 제국이 침략해 오자 부처님께 빌었습니다.
나라와 백성들의 안녕을 위하는 마음들이 모여 탄생한 것이
바로 팔만대장경이에요!

읽는 데만 30년이 걸리는 불교 예술의 걸작

'경남 합천의 해인사' 하면 여러분은 무엇이 떠오르나요? 그렇습니다. 장경판전이라는 오래된 건물에 보관되어 있는 팔만대장경! 1995년 유네스코에 의해 세계 문화유산으로 지정된 세계적인 보물 중의 하나가 떠오르지요.

8만 4천 가지 부처님 말씀을 새긴 경전. 고려는 모든 국력을 다해 16년 동안이나 이것을 만들었습니다. 팔만대장경의 글자 수 5천만 자를 읽는 데는 무려 30년이 걸린다고 합니다. 또 글자를 새긴 나무판들을 차곡차곡 쌓으면 백두산 높이에 이른다고 하지요. 이렇듯 어마어마한 대장경을 만드는 데는 고려 사람들의 엄청난 노동이 필요했습니다. 나무판을 만드는 데 매년 1만 명, 나무판에 붙일 종이에 글자를 쓰는 데 매년 5만 명, 글자를 하나하나 새기는 데 매년 125만 명 정도의 일손이 필요했다고 합니다. 더구나 글자 하나하나를 새길 때마다 절 한 번씩을 올렸다고 하니 정말 보통 일이 아니었다는 걸 짐작할 수 있겠죠?

더욱 놀라운 건 이 엄청난 일을 몽골과 전쟁을 치르며 했다는 사실입니다. 그래서 『고려사』란 책에도 대장경을 만드느라 백성들이 몹시 괴롭게 여겼다고 적혀 있을 정도입니다.

● 팔만대장경 경판(위)
● 팔만대장경이 꽂혀 있는 해인사 내부(아래)

팔만대장경을 만든 이유

고려 사람들이 대장경을 만든 건 부처님의 힘을 빌려 외적의 침입을 물리치기 위해서입니다. 이 무렵 고려는 몽골의 침입 때문에 큰 고통을 겪고 있었으니까요. 몽골 제국은 칭기즈칸(1162?년~1227년)이란 정복자가 세운 거대한 나라였지요. 그들은 금나라를 멸망시키고 물밀 듯 고려로 쳐들어왔습니다.

몽골의 침략은 1231년(고종 18년)부터 30여 년 동안 6차례에 걸쳐 이뤄졌습니다. 몽골군은 매우 잔인한 병사들이었지요. 그들이 지나간 자리에는

침략 시기	침략 내용	고려의 대응
1차 침략(1231년)	6년 전에 있었던 몽골 사신의 살해 사건을 구실로 침략 시작. 개경을 거쳐 충주까지 공격함.	몽골과 화친을 하고 돌려보냄. 1237년 수도를 강화도로 옮겨 몽골과의 전쟁에 대비함.
2차 침략(1232년)	고려 정부가 개경으로 돌아올 것을 요구하며 침략. 경상도까지 점령하며 대구 부인사에 보관되어 있던 초조대장경을 불태움.	경기도 용인의 처인성에서 승려 김윤후가 이끄는 농민 부대가 적의 장수 살리타이를 죽임.
3차 침략(1235년)	5년 동안 3회에 걸쳐 고려를 침략함. 경주에 침입하여 황룡사를 불태움.	온양과 죽산 등지에서 승리를 거둠. 팔만대장경을 만들어 몽골을 물리치기로 함.
4차 침략(1247년)	개경으로 서울을 옮길 것과 고려 국왕이 몽골에 들어와 신하의 예를 갖출 것을 요구하며 침략. 평안도와 황해도 지역 침략.	몽골을 다스리던 정종이 갑작스레 죽어 침략군이 물러감.
5차 침략(1253년)	또 다시 고려 정부가 개경으로 나올 것과 고려 국왕의 인사를 요구하며 침략.	김윤후가 지휘하는 충주 백성들이 빛나는 승리를 거둠. 임금 대신 왕족인 안경공 창이 몽골에 들어감으로써 이듬해 몽골군이 물러감.
6차 침략(1254년)	최항을 비롯한 고려의 대신들이 육지로 나오지 않고, 몽골에 항복한 관리들을 처형했다 하여 침략. 6년 동안 4차례에 걸쳐 공격을 하며 엄청난 피해를 입힘. 이때 포로로 잡힌 백성이 20만 명이나 됐고 죽은 사람은 헤아릴 수조차 없음.	1259년 고려 태자가 몽골로 들어가 항복함. 이로써 전쟁이 끝나게 됨.

● 6차례에 걸친 몽골의 침략

풀 한 포기도 남지 않을 정도였습니다. 오랫동안 고통을 겪은 고려 사람들은 부처님의 도움이 간절히 필요했습니다.

사실 고려는 이전에도 한 차례 대장경을 만든 일이 있습니다. 1010년 거란과의 2차 전쟁 때였지요. 당시 임금과 신하들은 대장경을 만들어 부처님께 바치겠다고 맹세를 했습니다. 그러자 개경까지 들어왔던 거란군이 스스로 물러났다고 하지요. 이때 만든 대장경은 안타깝게도 1232년(고종 19년) 몽골군에 의해 불타버리고 말았습니다. 그래서 사람들은 이번에도 대장경을 만들면 부처님이 몽골군을 물리쳐 주실 거라 생각했습니다.

대장경을 만든 데에는 또 다른 목적도 있었습니다. 바로 백성들의 용기를 북돋고 나라의 힘을 한데 모으려 했던 거지요. 전쟁에 지쳐 싸울 뜻을 잃은 백성들은 당시 무신 정권에게 큰 고민거리였습니다. 특히 1237년 수많은 백성들이 몽골에 항복하는 일이 생기자 무신 정권은 대장경 만드는 일을 더욱 서두르게 되었지요. 이 일을 통해 나라에 대한 충성심과 용기를 다시 불러일으키려 한 것입니다.

부처님에 대한 믿음이 굳던 고려 사람들은 모든 정성을 다했습니다. 평범한 백성부터 승려, 벼슬아치, 지식인들까지 모든 사람이 대장경을 만드는 일에 아낌없이 힘을 보탰지요. 이 일에 들어가는 엄청난 비용을 마련하기 위해 가난한 백성들마저도 망설이지 않고 주머니를 털었다고 합니다. 팔만대장경이 그토록 오랜 세월을 견디고 살아남은 건 이들의 지극한 정성이 아니면 불가능했을 것입니다.

여전히 베일에 싸인 팔만대장경

팔만대장경에 쓰인 나무는 쉽게 글자를 새길 수 있으면서도 오래 보전할

● 팔만대장경을 만드는 데 쓰인 산벚나무

수 있는 산벚나무입니다. 고려 사람들은 이 나무를 베어다가 3년 동안 바닷물에 담가 나뭇진을 뺐습니다. 건져낸 나무들은 다시 소금물에 삶아서 그늘에서 말렸습니다. 대장경이 750여 년 동안 벌레 자국 하나 없이 완벽한 상태를 유지하는 건 바로 그 때문이지요.

하지만 이런 사실들은 최근에야 확실하게 밝혀진 내용입니다. 팔만대장경과 관련한 수수께끼는 여전히 많고 또 아직도 풀리지 않고 있지요. 우선 이렇게 많은 나무를 어디서 베었는지, 또 어떻게 운반했는지에 대해서도 정확히 알려진 게 없습니다. 대장경이 만들어졌다고 하는 장소 역시 수수께끼이지요. 보통 강화도에서 만들어졌다고 하지만 믿을 수 없다는 학자들도 있습니다. 팔만대장경의 무게는 모두 합해 28만 킬로그램. 이 무거운 경판을 상처 하나 없이 강화도에서 해인사까지 옮기기란 불가능하다는 것입니다. 그래서 이들은 대장경이 남해나 거제에서 만들어졌을 가능성이 높다고 이야기하기도 합니다.

이밖에도 대장경과 관련된 비밀은 많습니다. 언제 해인사에 보관됐는지, 원래는 2벌을 만들었지만 1벌은 없어졌다는 말이 진짜인지도 밝혀지지 않았습니다. 또 '마치 신선이 내려와 쓴 것 같다'고 이야기되는 아름다운 글씨의 주인공은 누구인지, 현대 과학으로도 풀지 못한 장경판전의 뛰어난 보관 기술은 어떻게 탄생했는지도 정확히 밝혀지지 않았지요.

이 모든 비밀을 간직한 채 팔만대장경은 목판 활자 기술의 꽃으로 우리에게 남겨져 있습니다. 몽골의 침략이라는 아픈 역사와 예술 작품을 통해 그것을 뛰어넘은 고려인들의 위대함을 간직한 채 말입니다.

하룻밤
마무리

⬢ 거대한 몽골 제국의 침략

13세기 초 몽골은 칭기즈 칸에 의해 통일되면서 거대한 제국을 만들었습니다. 역사상 하나의 땅덩어리로 구성된 나라 중 제일 거대했고, 그 영토는 동남아시아에서 동유럽까지 걸쳐 있었지요. 이처럼 거대한 나라와 전쟁을 벌이던 고려는 힘에 겨울 수밖에 없었습니다. 몽골의 침략은 30여 년간 6차례에 걸쳐 이루어졌습니다.

⬢ 팔만대장경이 그렇게 부러워?

우리나라의 팔만대장경은 이미 그 무렵부터 국제적으로 이름이 높았습니다. 특히 인쇄술이 발달하지 못했던 일본 사람들의 부러움은 하늘을 찌를 듯했지요. 이들은 고려 때부터 조선 시대에 이르기까지 총 83회나 대장경을 인쇄한 책을 달라고 요구했습니다. 또 우리나라가 이를 거절하면 온갖 어거지를 부리며 떼를 썼다고 하지요. 특히 조선 세종 대왕 때는 일본 사신이 3일 동안이나 밥을 굶으며 대장경 인쇄물을 달라고 요구하기도 했답니다. 임진왜란 때도 이들은 팔만대장경을 노렸습니다. 하지만 용감한 조선의 의병과 승병들이 해인사로 들어오는 길목인 왜구치에서 일본군을 물리쳐 대장경을 지켰다고 전해지지요.

● 팔만대장경이 보관된 합천 해인사

- 몽골, 송나라를
  침입하다
  1257년

- 영국에서 의회가
  만들어짐
  1265년

- 몽골과 고려군이
  일본을 공격하다
  1274년

- 십자군이 시리아에서
  전멸함. 이로써
  십자군 전쟁이 끝남
  1291년

- 마르코 폴로,
  『동방견문록』 펴냄
  1299년

1270년~1273년 | 삼별초의 항쟁

몽골과 최후까지 싸운 삼별초의 정체는?

수십 년에 걸친 침략을 견디지 못한 고려의 왕은 결국
몽골에게 항복을 합니다. 하지만 이대로 무너질 순 없지요.
최후까지 몽골에 대항해 싸웠던 사람들, 그들은 누구일까요?

당 태종도 꺾지 못한 고려가 스스로 항복을!

몽골과의 전쟁이 막바지에 이르던 1258년(고종 45년). 강화도로 옮겨와 있던 고려 조정에서는 큰 사건이 터졌습니다. 최씨 정권의 마지막 지도자 최의(?~1258년)가 살해당한 것입니다. 그가 죽은 것은 무신들 사이에서 벌어진 권력 다툼 때문이었지요. 이로써 60여 년간 계속됐던 최씨 정권은 막을 내리게 되었습니다.

무신들은 여전히 권력을 쥐고 있었지만 더 이상 예전과 같은 힘을 가질 수는 없었습니다. 모두들 지긋지긋한 전쟁과 함께 무신 정권도 끝장나기를 바라고 있었으니까요. 고종 임금 역시 마찬가지였습니다. 그는 이 틈을 타 몽골에게 항복할 기회를 노렸습니다. 몽골의 힘을 빌려 무신 정권의 손아귀에서 벗어나려 한 것입니다.

1259년, 고종은 태자 전뒷날 원종을 몽골에 보내 항복하게 되었습니다. 당시 몽골 제국을 다스리고 있던 쿠빌라이는 태자를 반기며 이렇게 소리쳤다고 합니다.

"당나라 태종도 정복하지 못한 고려의 태자가 제 발로 찾아와 항복했다!"

쿠빌라이에게도 고려는 고구려와 같은 나라였던 거지요. 이 무렵 몽골은 당나라와 똑같은 고민에 휩싸여 있었습니다. 수십 년 동안 공격하고도 정복할 수 없었던 나라는 고려가 유일했던 거지요. 그만큼 고려는 끈질기게 저항했고, 몽골군에게 많은 피해를 입혔습니다. 그러던 참에 고려의 태자가 찾아와 항복을 선언했으니 기쁘지 않을 리가 없었지요.

이제 고려의 항복은 누구도 막을 수 없는 일이 되었습니다. 무신들은 끝까지 싸울 것을 주장했지만 세상은 더 이상 그들 것이 아니었습니다. 임유무라는 인물이 죽자 무신 정권은 마침내 무너지고 말았지요. 고종의 뒤를 이은 원종(재위 1260년~1274년)은 개경으로 돌아갈 것을 명령했습니다. 이렇게 하여 30여 년 간 계속된 전쟁은 막을 내리게 되었습니다.

하지만 최후까지 싸울 것을 주장하던 사람들이 없었던 건 아닙니다. 삼별초. 그들은 마지막 순간까지 고려의 자존심을 지키며 장렬한 죽음을 맞은 사람들이었습니다.

삼별초는 원래 도둑을 잡던 부대였다

사실 삼별초의 시작은 영웅적인 면과는 거리가 멀었습니다. 그들은 무신 정권의 지도자들이 만들어 마음껏 부려먹던 병사들이었기 때문입니다. 또 맨 처음 이름도 삼별초가 아니라 야별초였지요. 『고려사』는 야별초가 만들어진 이유를 이렇게 밝히고 있습니다.

"최우가 나라 안에 도적이 많으므로 용사들을 모았다. 매일 밤 순찰하면서 도둑들을 막게 했는데 이들을 야별초라 했다."

'별초'란 '용사들로 이루어진 부대'라는 뜻입니다. 곧 야별초는 '밤을 지키는 용사들', 요즘으로 치면 도둑 잡는 경찰 부대였던 셈입니다. 그 뒤로 도

● 삼별초가 최후까지 싸웠던 제주도 항파두리 유적지

둑들이 더욱 늘어나자 야별초는 좌별초와 우별초로 나뉘어 더욱 덩치가 커지게 되었습니다. 또 몽골의 포로가 되었다가 도망친 병사들로 이뤄진 신의군도 여기에 합쳐지게 되었지요. 삼별초란 결국 이들 세 별초들이 모였다고 해서 붙여진 이름이었습니다.

● 항몽 유적지에 있는 화살 맞은 돌

도둑들을 잡는 부대 삼별초. 하지만 이들이 잡던 도둑들은 우리가 흔히 생각하는 도둑들이 아니었습니다. 초적, 산적, 화적 등으로 불리던 이들은 무신 정권에게 괴로움을 당하다가 살기 위해 도둑이 된 사람들이었습니다. 자연히 이들은 무신 정권과 귀족층에 대한 증오심이 강할 수밖에 없었습니다. 이들은 틈만 나면 무리를 모아 고려 조정에 반대하는 싸움을 벌였지요. 최우를 비롯한 고려 지배층은 이들 때문에 발을 뻗고 잘 수 없을 정도였습니다.

삼별초는 이들을 때려잡기 위해 만들어진 부대였습니다. 무신 정권의 편에서 백성을 괴롭히던 삼별초가 민족의 영웅이 된 건 어쩌면 이상한 일이었는지도 모릅니다.

임금이 강화도를 떠난 1270년(원종 11년)부터 삼별초는 본격적인 싸움에 나섰습니다. 개경으로 돌아간 원종은 삼별초를 없애라는 명령을 내렸지요. 당시 삼별초를 이끌던 배중손(?~1271년)은 온이라는 왕족을 새로운 임금으로 세우고 진도로 내려갔습니다. 그곳에서 새로운 조정을 만들고 몽골과의 싸움을 계속하기로 한 것입니다.

삼별초의 진정한 힘은 어디에서 나왔을까?

　삼별초는 한때 진도를 중심으로 전주, 나주, 거제도, 마산, 김해, 동래 등을 점령할 정도로 힘을 떨쳤습니다. 또 인천 부근 앞바다를 차지하고 세금으로 거둔 곡식이 개경으로 들어가는 일을 막기도 했지요.

　하지만 이들의 싸움은 그리 오래 가지 못했습니다. 맞서야 할 적이 두 배로 늘었기 때문입니다. 이제 그들의 목숨을 노리는 건 몽골만이 아니라 고려 조정도 마찬가지였습니다. 게다가 고려의 군대는 몽골과는 달리 해전에 익숙했습니다. 삼별초는 더 이상 안전하게 머물 곳이 없었지요. 결국 삼별초는 진도를 빼앗기고 제주도로 쫓겨 갔습니다. 하지만 그곳에서도 여몽 연합군의 치열한 공격을 받고 결국은 전멸 당하고 말았지요.

　오랜 세월 백성들을 괴롭히던 삼별초였지만 그들의 최후는 영웅적이었습니다. 강화도에 몸을 숨긴 채 자신들의 안전만을 생각하던 고려 조정과는 달랐지요. 삼별초는 이들보다 천 배, 만 배는 더 위대한 사람들이었습니다.

　하지만 삼별초가 3년 동안이나 힘차게 싸울 수 있었던 건 그들의 용기 때문만은 아니었습니다. 그보다는 재물과 목숨까지 아낌없이 바쳐 그들을 도왔던 백성들의 힘이 더 컸지요. 비록 몽골에 항복하긴 했지만 백성의 마음속에는 최후까지 민족의 자존심이 꿈틀거리고 있었던 것입니다. 삼별초가 보여 주었던 강인한 힘과 정신은 결국 이들로부터 나오고 있었습니다.

◉ 몽골과의 싸움을 이끈 최씨 정권의 지도자는 어떤 사람들이었을까?

최씨 정권은 최충헌과 최우-최항-최의로 이어졌습니다. 이 중 대몽 항쟁을 이끈 사람들은 최우, 최항, 최의입니다. 최우(?~1249년)는 강화도로 서울을 옮기고 팔만대장경을 만들게 하는 등 대몽 항쟁에 많은 공로를 세웠지요. 최항(?~1257년)은 최우의 아들로 무신 정권을 이어받은 인물입니다. 하지만 그는 백성들을 싸움에 내몰면서도 자신은 안전한 강화도에 숨어 사치와 향락을 일삼아 많은 원성을 샀습니다. 최씨 정권의 마지막 지도자 최의(?~1258년)는 최항과 노비였던 어머니 사이에서 태어났습니다. 그는 인재를 가려서 뽑을 줄도 몰랐고 흉년에 백성들을 구하지 않아 크게 인심을 잃었습니다. 결국 그는 아버지에게 충성을 바치던 유경 등의 신하에게 목숨을 잃고 말았지요.

◉ 고려 조정의 항복 이후 백성들은 어떻게 싸웠을까?

고려 조정이 항복을 한 이후 백성들은 항복을 한 임금을 자신들의 왕으로 인정하지 않았습니다. 『고려 시대 사람들은 어떻게 살았을까』라는 역사책에는 이런 백성들의 움직임이 잘 드러나 있습니다. 삼별초가 항쟁에 나선 지 몇 달 뒤 경상도 밀양의 백성들은 개경의 고려 조정에 반대하는 반란을 일으켰습니다. 또 개경의 관청에서 일하던 노비들이 무기를 들고 일어나 몽골이 보낸 관리들을 죽이고 삼별초가 있던 진도로 가려던 사건도 생겼지요. 곧이어 경기도 화성의 대부도에 살던 백성들도 섬 안에 살던 몽골군을 죽이고 진도로 가려던 사건도 있었습니다. 그밖에도 삼별초에 합류하려는 백성들의 움직임은 아주 많았다고 합니다. 이들은 정든 고향을 떠나 진도로 갔고, 그곳에서 삼별초가 세운 왕을 진짜 국왕으로 섬겼다고 하지요. 이런 백성들이 없었다면 삼별초는 결코 영웅이 될 수 없었을 것입니다.

● 폴란드 왕국이
세워지다

● 유럽에서
흑사병이 유행함

● 중국에서 한족이 중심이 된
홍건적이 활발하게 활동함

● 로마 교회가 둘로 갈라져
로마와 프랑스 아비뇽에
각각 교황이 생김

1320년　　　　　**1347년**　　　　　**1351년**　　　　　**1378년**

○ 1352년~1371년 | 나라를 바로잡으려던 공민왕과 신돈

왕씨의 나라 고려에
신씨 임금도 있었다고?

원나라의 지배 아래 고려는 점점 힘을 잃어갔습니다.
특히 원나라를 등에 업은 못된 귀족들 때문에 몸살을 앓았지요.

내 아버지를 찾아주세요!

'성은 김씨요, 이름은 아무개라.'

한국 사람들은 모두 이와 비슷한 이름을 갖고 있습니다. 조상이 물려준 성과 그 사람의 특징을 잘 나타낼 만한 말을 합쳐 이름을 짓는 것이지요. 우리는 이 이름을 평생 지니고 살며 소중하게 아낍니다. 그런데 우리들은 때로 이름보다도 성씨를 더욱 소중히 여깁니다. 성씨에는 조상이 물려준 피와 자기 집안의 역사가 고스란히 담겨 있다고 생각하기 때문입니다.

임금이 다스리던 왕조 시대에는 더욱 그렇습니다. 임금 자리는 대부분 맏아들이나 같은 핏줄을 타고 난 사람들이 이어받습니다. 그래서 왕조 시대의 국가는 곧 어느 성씨의 나라이기도 하지요. 조선을 '이씨 조선'이라 부르는 것처럼 말입니다.

고려도 마찬가지였습니다. 왕건이 세운 고려는 왕씨의 나라가 될 수밖에 없었지요. 그런데 이상한 일이 있습니다. 『고려사』는 제32대 우왕과 그의 아들 창왕이 신씨라고 밝히고 있기 때문입니다. 물론 우왕과 창왕이 임금이 될 수 있었던 건 그들이 왕씨로 인정받았기 때문입니다. 그렇다면 헷갈

리기 시작합니다. 대체 누구 말을 믿어야 하는 것일까요?

더욱 이상한 건 공민왕(재위 1351년~1374년)의 말입니다. 그는 우왕이 분명 자기 아들이라고 밝히고 있으니까요. 아버지는 자기 아들이라고 하는데 세상 사람들은 진짜 아버지가 따로 있다고 말합니다. 아아, 엄청난 출생의 비밀은 TV 드라마에나 나오는 이야기가 아니었나요?

공민왕의 힘겨운 노력

이 엄청난 출생의 비밀을 캐기 위해서는 먼저 당시 고려의 상황을 살펴볼 필요가 있습니다. 이 무렵 고려는 원나라의 지배와 땅에 떨어진 왕권으로 큰 고통을 받고 있었지요. 원나라란 몽골이 중국을 정복하고 세운 나라를 말합니다.

원나라는 고려에서 막대한 공물**나라에 바치는 물건**을 거두어 갔습니다. 인삼, 활과 같은 특산품은 물론 아리따운 처녀들을 '공녀'라는 이름으로 끌고 가기도 했지요. 또 정동행성이라는 몽골식 관아를 두어 사사건건 고려를 간섭했습니다.

나라의 꼴이 이런 데도 고려의 귀족들은 예전과 다르지 않았습니다. 나라의 고통을 앞장서서 짊어지기는커녕 원나라를 등에 업고 더욱 배를 불리고 있었지요. 『고려사』는 이들의 땅이 너무 넓어 어디부터 어디까지가 경계인지 모를 정도였다고 말하기도 했지요.

공민왕(재위 1351년~1374년)은 나라를 바로잡기 위해 많은 노력을 기울였습니다. 1356년에는 정동행성을 없애고, 원나라에 빼앗겼던 서북쪽과 동북쪽의 땅을 되찾아 오기도 했지요. 하지만 겹겹이 둘러싸인 원나라와 귀족 세력 사이에서 공민왕은 늘 혼자였습니다. 고민하던 그는 신돈(?~

1371년)이라는 스님을 조정으로 불러들이게 되었지요. 자신을 돕게 하려고 말입니다.

잠깐만! 신돈이라고? 그렇다면 이 사람이 혹시……! 그렇습니다. 『고려사』가 우왕의 진짜 아버지라고 주장하는 인물은 바로 그였지요.

요승인가, 나라의 영웅인가?

신돈은 당시 고려의 지배층에게 나라를 망친 '요승요사스런 승려'이라 불렸습니다. 하지만 그에 대한 평가는 엇갈리고 있습니다. 요승이 아니라 나라를 바로 세우기 위해 노력하다가 억울하게 죽은 사람이라는 것이지요. 신돈이 제일 먼저 내린 명령을 통해서도 그 사실을 알 수 있습니다.

"귀족들이 빼앗은 토지와 노비를 개경은 15일, 지방은 40일 안에 돌려주어라. 만일 기간을 넘기는 자가 있다면 엄하게 처벌하겠다!"

몸종의 아들로 태어난 그는 누구보다 백성의 고통을 잘 알고 있었습니다. 귀족들은 몹시 분노했지만 명령에 따르지 않을 수 없었습니다. 백성들은 자신을 구해줄 '성인'이 나타났다며 눈물을 흘리고 감격했지요. 신돈은 백성들의 사랑 속에 나라를 위한 일들을 거침없이 벌여 나갔습니다.

하지만 신돈은 곧 큰 어려움을 맞고 말았습니다. 신돈을 눈엣가시처럼 미워한 귀족들의 반격이 시작된 것입니다. 그들은 신돈이 뇌물을 받아 재물을 쌓고 여자들과도 가깝게 지낸다고 공격했습니다. 스님의 신분으로는 있을 수 없는 일이었습니다. 또 '신돈이 왕의 믿음을 잃을까봐 두려워서 반란을 계획하고 있다'는 소문까지 떠돌았습니다. 이렇게 하여 신돈은 처형당하게 되었지요. 1371년 7월의 일이었습니다.

왕씨가 신씨로 둔갑한 이유는?

자, 그렇다면 원래의 주제로 돌아가 봅시다. 신돈은 정말 우왕의 아버지였을까요? 결론은 그렇지 않을 가능성이 훨씬 높다는 것입니다. 이것은 우왕과 창왕을 쫓아냈던 조선 태조 이성계의 부하들이 만들어 낸 말이었으니까요. 그들은 이렇게 해야 고려 왕조를 멸망시킨 자신들의 행동이 더욱 지지를 받을 거라 생각한 것입니다.

이런 이야기가 떠돌게 된 것은 우왕의 어머니가 신돈의 절에서 일하던 노비였기 때문입니다. 절에 드나들던 공민왕과 이 여인이 낳은 아들이 바로 우왕이었던 것이지요. 이성계의 부하들이 이야기를 꾸며내기에 딱 좋은 상황이었던 것입니다.

우리는 우왕의 출생과 관련한 이야기에서도 한 가지 사실을 알 수 있습니다. 역사는 승리한 사람들의 말과 생각이 더 많이 반영된다는 것이지요. '역사는 승리한 자들의 역사'라는 조금 어려운 말이 생긴 이유도 바로 그것입니다. 그것을 가려서 역사의 진실을 바로 볼 줄 아는 능력이 필요한 것도 그 때문입니다. 그나저나 우왕, 창왕은 하늘나라에서라도 이제 그만 눈물을 닦아도 좋을 것 같습니다. 두 분은 왕씨가 확실한 것 같으니까요.

◉ 원나라의 '부마국(사위의 나라)'이 된 고려

고려가 원나라의 간섭에 시달린 것은 13세기 초부터 14세기 중엽까지 약 150여 년 동안입니다. 이 기간 동안 황제의 나라라는 위엄은 사라졌습니다. 모든 것이 몽골의 입맛대로 바뀌었기 때문입니다. 이전까지 '조'나 '종'이라는 이름으로 불렸던 고려 임금들은 이제 신하의 나라에나 쓰이는 '왕'이라는 이름으로 불렸습니다. 게다가 몽골에 대한 충성을 강조해서 앞에 '충'자를 붙이게 되었지요. 충렬왕, 충선왕, 충숙왕 등의 이름은 고려의 치욕을 상징하는 것이기도 했습니다.

고려의 임금들은 어릴 때 원나라로 가 그곳에서 교육을 받았습니다. 또 어른이 된 뒤에는 원나라의 공주들과 결혼을 했지요. 고려가 원나라의 '부마국'이 되고 고려 왕실에는 몽골의 피가 흐르게 되었습니다. 이에 따라 나라의 자주성이 크게 떨어졌음은 물론입니다.

◉ 어느 시대에나 강한 쪽에 빌붙는 사람이 있다?

고려에서는 서서히 원나라에 붙어 이익을 챙기려던 사람들이 들끓기 시작했습니다. 역사는 이들을 '부원파'라 부르고 있지요. 대표적인 부원파는 홍복원의 무리였습니다. 그는 몽골의 침략 때 길잡이 노릇을 하며 도왔던 사람입니다. 그의 집안은 원나라가 망할 때까지 대대로 몽골에 충성을 바쳐 많은 백성들의 분노를 샀습니다. 또 몽골에 공녀로 끌려간 뒤 그곳에서 황제의 아내가 됐던 기황후와 같은 사람도 있습니다. 그녀의 아들은 원나라 황태자 자리에 오르기까지 했지요. 그러자 고려에 남아 있던 기황후의 가족들은 엄청난 힘을 갖게 되었습니다. 이들은 왕의 명령까지 무시하며 못된 짓을 일삼았습니다. 원나라의 지배로 혼란스러워진 고려는 이들 때문에 더욱 큰 어려움을 겪어야 했지요.

✱ 연지, 곤지 찍고 시집가는 풍습이 몽골의 것이었다고?

　　원나라의 지배는 우리 문화에도 많은 영향을 끼쳤습니다. 우리가 한민족의 전통이라 여겨 온 풍습 중에 사실은 몽골의 것이 많은 것은 그 때문입니다. 이 중 대표적인 것이 바로 연지, 곤지 찍고 족두리를 쓴 채 결혼을 하는 풍습이지요. 이것은 몽골의 여성들이 '복타'라는 모자를 쓰고 결혼식을 치르는 풍습에서 온 것입니다. 또 신부들이 입는 도투락댕기나 옛날 어린이들이 댕기머리를 땋는 것도 바로 몽골의 풍습입니다. 이밖에도 우리가 맛있게 먹는 설렁탕, 장사치·갓바치**가죽 만드는 사람**처럼 어떤 일을 하는 사람 뒤에 '-치' 자를 붙이는 일, 궁중에서 쓰는 '마마'나 '무수리'와 같은 말, 제주도에서 살게 된 조랑말 등 몽골의 문화와 풍습이 끼친 영향은 아주 많습니다.

영국에서
농민 반란이 일어나다

이집트에서
맘루크 왕조 세워짐

터키가 발칸 반도를
지배하기 시작함

1381년   1382년   1389년

1388년 │ 이성계의 위화도 회군

배신일까, 새로운 역사의 시작일까?

원나라의 침략으로 어지러운 나라가 진정되기도 전에
고려는 주원장이 이끄는 명나라의 위협을 받습니다.
끝까지 싸우자는 쪽과, 사이좋게 지내며 이득을 챙기자는 쪽.
둘 중 어느 쪽이 승리의 깃발을 쥐었을까요?

새롭게 시작된 명나라의 시대

"이제부터 철령함경남도와 강원도의 경계에 있는 높은 고개 북쪽의 땅을 우리가 다스리겠다!"

1388년(우왕 14년), 고려에는 어처구니없는 소식이 들려왔습니다. 철령 북쪽이라면 원나라에 빼앗겼던 우리 땅. 1356년 공민왕이 어렵게 되찾은 곳이기도 하지요. 그런데 어디선가 굴러온 돌멩이 하나가 이곳을 자기네 땅으로 삼겠다고 우기고 나선 것입니다. 이 굴러온 돌의 정체가 뭐냐고요? 바로 중국 대륙의 새로운 강자로 떠오른 명나라입니다.

명나라는 주원장이라는 사람이 세웠지요. 그는 원래 중국의 주인이던 한족(漢族)이었습니다. 1381년 그는 중국 곳곳에서 몽골족을 물리치고 중국을 통일했습니다. 이제 원나라의 시대가 가고 명나라의 세상이 시작된 것입니다. 의기양양한 명나라는 고려에도 손길을 뻗치려 했습니다.

명나라의 얼토당토않은 요구 앞에서 고려 사람들은 둘로 나뉘었습니다. 하나는 명나라를 공격하고 원나라와 계속 친하게 지내야 한다는 주장이었습니다. 이들은 이참에 요동(랴오둥) 지방을 정벌해 고구려의 옛 땅을 찾아야 한다고 말하기까지 했지요. 이런 주장을 하는 사람들 가운데 대표적인 인물은 문하시중지금의 국무총리와 비슷한 벼슬 최영(1316년~1388년)이었습니다.

또 다른 의견은 명나라와 외교 관계를 맺고 원나라와는 관계를 끊어야 한다는 것이었습니다. 새롭게 떠오른 명나라를 건드려서 좋을 일이 아무것도 없다는 것이었지요. 이것은 이성계(1335년~1408년)와 그를 따르던 사대부들의 주장이었습니다.

고려 말의 최대 맞수 최영과 이성계

최영과 이성계. 이렇게 하여 두 사람은 고려의 운명을 놓고 싸우는 맞수가 됐습니다.

이성계의 조상은 여진족이 살던 간도**만주의 길림성 동남부 지방**에서 살았습니다. 이성계의 아버지 자춘은 공민왕이 철령 북쪽의 땅을 되찾을 때 공을 세워 이름을 떨치게 되었지요. 그 뒤 이성계도 수많은 전쟁에 참가하며 고려에서 가장 유명한 장수로 발돋움했습니다.

이와 달리 최영은 개경의 이름 높은 집안 출신이었습니다. 물론 그가 유명해진 건 좋은 집안 때문만은 아니었습니다. 그도 오랫동안 전쟁터를 누볐던 최고의 장수였기 때문입니다. 그는 남쪽 지방을 공격하던 왜구들을 물리쳤습니다. 또 평양과 개성을 점령한 홍건적을 무찌르며 두 차례나 나라를 위기에서 구출하기도 했지요.

실력도, 명예도 비슷한 두 맞수는 이제 적이 되어 싸우게 되었습니다. 누가 이기느냐에 따라 자신은 물론 나라의 운명까지 완전히 바뀌게 된 것이지요.

1388년 4월. 우왕은 5만 명의 군대로 요동을 공격하도록 했습니다. 5만 명이라면 궁궐을 지키던 병사들을 뺀 고려군 전체입니다. 한마디로 고려의 운명을 건 싸움이었지요. 이성계는 우왕과 최영의 명령을 통해 이 정벌을 앞장서 이끌게 되었습니다. 하지만 그는 처음부터 전쟁을 반대했습니다. 그것은 다음과 같은 네 가지 이유 때문이었습니다.

첫째, 작은 나라가 큰 나라를 공격하는 것은 옳지 않은

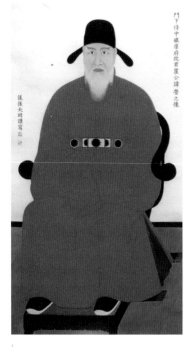

● 최영(1316년~1388년)
고려 후기의 이름난 장수로, 이성계에게 붙잡혀 사형되었다.

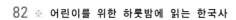

일이다.

둘째, 농사철인 여름에 전쟁을 하는 것은 백성들의 마음을 거스르는 일이다.

셋째, 명나라를 공격하는 동안 남쪽의 왜구가 쳐들어올 수 있다.

넷째, 무더운 여름에는 활의 아교가 녹고 장마철에는 전염병이 돌 위험성이 높다.

모두가 그럴 듯한 이유였지요. 하지만 진짜 이유는 따로 있었습니다. 새로운 나라를 세우려던 이성계로서는 전쟁 뒤에 벌어질 혼란을 예측할 수 없었기 때문입니다.

역사적인 순간, 위화도 회군

1388년 5월 7일. 마침내 고려군은 압록강을 건넜습니다. 고려군이 이른 곳은 위화도. 이곳은 압록강 하류에 있는 작은 섬이었지요. 이곳에서도 이성계는 군대를 돌릴 것을 요청했습니다. 하지만 우왕은 허락하지 않았지요. 이성계는 5월 21일, 마지막으로 최영에게 군대를 되돌리게 해달라고 요청했습니다. 그러나 이마저도 받아들여지지 않았습니다.

이성계는 깊은 고민에 빠졌습니다. 임금의 명령을 따르지 않는 건 반역입니다. 그렇다고 명나라를 공격할 수도 없었습니다. 큰 나라의 화를 돋우어 침략이라도 받는 날에는 그의 꿈도 물거품이 될 수 있었으니까요.

5월 22일 마침내 운명의 날이 밝았습니다. 이성계는 그를 따르던 병사들에게 고려로 되돌아갈 것을 명령했습니다. 랴오둥 공격을 포기하고 반란을 택한 것입니다. 이성계와 그의 부하들은 개경으로 쳐들어갔습니다. 그곳에

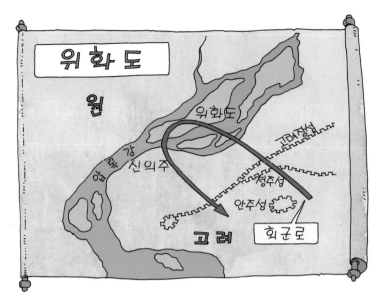

● 이성계의 위화도 회군 경로

는 겨우 1천여 명의 병사들이 궁궐을 지키고 있었을 뿐입니다. 그들은 이성
계의 강한 병사들에게 상대가 되지 못했지요. 반란이 성공한 것입니다.

하지만 이는 새로운 역사의 시작이기도 했습니다. 이성계는 우왕을 쫓아
내고 그의 아들 창을 새로운 임금으로 세웠습니다. 끝까지 이성계에 반대
하던 최영 역시 죽음을 피할 수는 없었지요. 이제 고려 왕조는 마지막 멸망
의 순간을 눈앞에 두게 되었습니다. 역사가 전해 주는 '위화도 회군'의 결
말은 바로 그것이었습니다.

◈ 최영 장군의 무덤에는 정말 풀이 돋지 않았을까?

장수로서 뛰어난 능력을 발휘했던 최영 장군은 청렴결백한 관리로도 이름이 높았습니다. "황금 보기를 돌 같이 하라"는 말은 그의 성품을 잘 보여주고 있지요. 하지만 이성계와의 싸움에서 패배한 최영은 죽음을 피할 수 없었습니다. 그는 위화도 회군이 벌어졌던 그해 12월에 처형당하고 말았지요. 그는 죽으면서 이런 말을 남겼다고 합니다.

"내가 지금껏 살아오는 동안에 단 한 번이라도 부정한 짓을 저질렀다면 내 무덤에서 풀이 돋아날 것이다."

최영의 예언대로 그의 무덤에서는 진짜 풀이 돋지 않았습니다. 그래서 그의 무덤을 적묘붉은 무덤라고도 했지요. 하지만 지난 1976년부터는 다시 풀이 돋기 시작했다고 합니다. 나라를 빼앗기고 비참하게 죽음을 맞은 원한이 그 사이 풀렸는지도 모를 일입니다.

◈ 태조 이성계의 부하들 중에는 여진족이 많았다

이성계의 조상이 만주에서 살게 된 것은 그의 4대 할아버지인 이안사라는 인물 때부터였습니다. 그 뒤 이성계의 집안은 대대로 그곳에 살던 여진족과 가깝게 지냈습니다. 역사가들은 당시 간도 지방에서는 조선 사람들과 여진 사람들이 결혼을 많이 해 두 민족을 구분할 수 없다고 말하기도 하지요. 이성계는 말 잘 타고 무예도 뛰어난 여진족 병사들을 많이 받아들였습니다. 그중에서 대표적인 사람은 이지란이라는 부하입니다. 이지란은 청해 이씨의 시조로 원래 퉁두란이라는 이름을 가지고 있었지요. 이성계와 형제의 맹세를 맺기도 한 그는 수많은 전쟁터를 누비며 공을 세웠습니다. 또 위화도 회군에도 참가하여 조선을 건국하는 데도 큰 역할을 했지요. 그의 자손들은 대대로 높은 벼슬을 지내며 조선의 유명한 집안으로 자리를 잡았습니다.

어린이를 위한 하룻밤에 읽는 한국사

2

가장 가까운 옛날, 조선 시대가 펼쳐지다

그때
세계는

● 명나라, 왕자 10명을
왕으로 임명함

● 오스만투르크,
불가리아를 점령하다

● 백 년 전쟁 중
영국군이 프랑스군을
크게 이김

1391년   1393년   1415년

◯ 1392년 | 조선의 건국

마침내 힘차게 펄럭이는
조선의 깃발

새 술은 새 부대에 담아야 한다는 말이 있죠? 고려가 망하고 강자로 떠오른
이성계와 그의 무리들이 가장 먼저 한 일은 새로운 질서를 세우는 것이었지요.
그러기 위한 첫 번째 표적은? 바로 귀족들이었습니다.

고려의 토지 문서가 사흘 동안이나 불에 탄 이유는?

1390년, 가을이 짙어가던 9월의 어느 날입니다. 개경에서는 난데없이 거센 불길이 솟아올랐습니다. 거리 한복판에 산더미처럼 쌓인 종이 뭉치들이 활활 타올랐던 것입니다. 얼마나 종이들이 많았던지 불길은 사흘 동안이나 계속됐지요.

요즘처럼 종이가 흔하지도 않던 때. 대체 이 종이들의 정체는 무엇이기에 남김없이 불살라지고 있었을까요? 바로 귀족들의 토지 문서였지요. 토지 문서란 누가, 얼마나 많은 땅을 가지고 있는가를 나타내는 서류입니다. 그렇다면 더욱 놀라운 일 아닌가요? 고려의 땅 주인이란 땅 주인은 모두 없애버리기라도 하려는 것일까요?

이 사건은 당시 고려의 상황을 잘 드러내고 있습니다. 1390년이라면 위화도 회군 이후 이성계가 권력을 잡은 지 2년째. 하지만 그의 싸움은 아직 끝나지 않았던 것입니다.

귀족들을 겨냥한 싸움

그 무렵 이성계는 임금과 다름없는 권력을 갖고 있었습니다. 하지만 귀족들의 저항도 만만치는 않았지요. 이들은 앞에서는 고개를 숙이면서도 뒤에서는 이성계를 몰아낼 궁리만을 하고 있었습니다. 이들에게는 아직도 무시할 수 없는 힘이 남아 있었습니다.

귀족들의 힘은 바로 드넓은 땅에서 나왔습니다. 고려를 움직이는 데 필요한 모든 재물이 그들의 땅에서 탄생하고 있었던 것이지요. 결국 정치는 이성계의 것이지만 경제는 귀족들의 것이었습니다. 이성계와 그의 신하들이 토지 제도를 바꾸려 했던 것은 당연한 일이었습니다. 그들은 이렇게 주장했지요.

"모든 땅을 백성들에게 골고루 나눠주자!"

귀족들이 백성들에게서 빼앗았던 땅을 다시 되돌려주자는 것입니다. 그러면 귀족들의 힘을 누르는 것은 물론 백성들의 마음을 얻을 수 있었으니까요. 하지만 귀족들이 앉아서 땅을 빼앗길 리 없습니다. 이들도 이성계의 계획을 막기 위해 온갖 노력을 다하게 됐지요. 이성계와 귀족들 사이에서는 치열한 다툼이 벌어졌습니다. 『고려사』는 이 무렵의 상황을 이렇게 이야기하고 있습니다.

우리 태조이성계는 조준, 정도전이성계의 신하들과 함께 토지 제도를 바꾸기 위해 의논했다. 조준이 동료들과 함께 창왕에게 글을 올려 제도를 바꾸자고 주장했다. 모든 귀족들이 비난을 하며 반대했다. 그날 회의에 참가했던 53명 중에 토지 제도를 바꾸는 데 찬성한 사람은 겨우 18, 19명뿐이었다. 반대하는 사람은 거의 모두가 귀족의 자식들이었다.

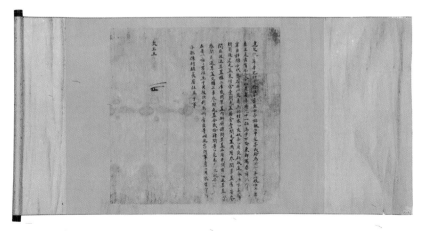

● 토지 문서
이 토지 문서는 조선 시대의 자료로, 이성계가 조선 왕의 자리에서 물러난 후 딸인 숙신 옹주에게 집과 땅을 주며 만든 문서이다. 현재 남아 있는 '가옥 급여 문서' 중에서는 가장 오래된 것으로, 역사 연구에 매우 중요한 자료이다.

토지 제도를 바꾸기 위한 노력은 이처럼 힘겨웠습니다. 이성계는 결국 칼을 빼들게 되었지요. 귀족들이 갖고 있던 모든 토지 문서들을 불살라 버리기로 한 것입니다. 그렇게 하면 더 이상 땅의 주인이라는 것을 내세울 증거가 없어지니까요. 개경의 하늘에 사흘이나 연기가 피어오른 것은 바로 그 때문이었습니다.

● 이성계(1335년~1408년)
고려 말의 장수였으나 조선을 건국하고 제1대 임금이 되었다.

이 나라를 조선이라 부르겠노라!

토지 문서를 불사른 이성계의 앞길에는 거칠 것이 없었습니다. 1391년, 그는 '과전법'이라는 새로운 토지 제도를 실시했지요. 이 제도는 백성들에게 토지를 나눠주고 대신 세금을 걷을 수 있는 권리를 나라와 벼슬아치들이 나눠 갖는 것이었습니다.

백성들은 크게 기뻐했습니다. 이전까지는 농작물의 70~80퍼센트를 세금으로 빼앗겨 왔습니다. 그러나 이제 10퍼센트만 바치면 되었습니다. 생활이 크게 나아지게 된 것입니다. 울상을 지은 것은 귀족들뿐이었습니다. 하지만 땅을 빼앗긴 그들은 더 이상 힘을 쓸 수 없었습니다.

이로써 나라를 세울 준비를 모두 마친 이성계는 왕위에 올랐습니다. 1392년 7월의 일이었지요. 하지만 이성계는 아직 조선의 임금은 아니었습니다. 처음에는 나라의 이름을 그대로 두고 법과 제도도 모두 고려의 것을 따랐기 때문입니다.

점차 나라의 기틀이 바로 서자 이성계는 나라 이름을 바꾸기로 했습니다.

1393년 3월 15일, 마침내 새 나라는 조선이라는 이름을 갖게 되었지요. 이제 이성계는 새로운 500년 역사를 시작하는 진정한 임금이 된 것입니다. 34대 임금, 474년 동안 이어지던 고려의 역사는 연기처럼 사라지고 그 자리에는 조선의 깃발이 펄럭이게 되었습니다.

❀ 이성계를 도왔던 사대부란 누구를 가리키는 말일까?

　이성계를 도왔던 신하들을 가리켜 '신흥 사대부'라고 합니다. '새롭게 일어선 사대부'라는 뜻이지요. '사대부(士大夫)'란 원래 중국에서 벼슬을 하던 문신 관리들을 뜻하는 말입니다. 하지만 때로 이 말은 문신과 무신 모두를 가리키는 것으로 쓰이기도 했지요. 이들은 유학의 한 갈래인 성리학을 공부하고 과거 시험을 거쳐 관리가 되었습니다. 고려에 성리학이 들어온 때는 13세기입니다. 고려의 사대부들은 뛰어난 능력을 갖추고 있었지만 자신들의 뜻을 펼칠 수 없었지요. 고려는 귀족들이 움직이는 나라였기 때문입니다. 자연스레 사대부들은 새로운 나라를 꿈꾸며 이성계를 돕게 되었습니다. 조선이 세워진 뒤 이들은 양반이라는 말로도 불리게 되었습니다. 양반이란 문반**문신**과 무반**무신**을 함께 나타내는 말이었지요. 조선은 귀족 대신 양반이 이끌어가는 사회가 되었습니다.

❀ 충신의 한이 서린 선죽교, 붉은 핏자국의 정체는?

　이성계를 도왔던 사대부들이 있었던 반면, 고려를 지켜야 한다고 주장하던 사대부들도 있었습니다. 그중에서 대표적인 사람이 바로 정몽주(1337년~1392년)입니다. 결국 그는 "이 몸이 죽고 죽어 일백 번 고쳐 죽어"로 시작되는 〈단심가〉를 남긴 채 죽임을 당하고 말았지요. 이성계의 아들 이방원이 개성의 선죽교 다리에서 쇠몽둥이로 죽인 것입니다. 이때 정몽주가 흘린 피는 선죽교 위에 오래도록 남아 있습니다. 하지만 이 핏자국은 사람들이 그의 억울한 죽음을 기리기 위해 붉은 돌을 심어 생겨난 것이라고 전해지지요. 그처럼 개경 사람들은 고려의 멸망을 안타까워했습니다. 이들은 돼지해에 태어난 이성계를 빗대 돼지를 '성계'라 부르고, 그 고기를 질겅질겅 씹으며 나라가 멸망한 한을 달랬다고도 합니다.

● 정몽주(1337년~1392년)
고려 후기의 충신으로, 조선 건국에 반대하다가 이성계의 아들에 의해 죽었다.

그때 세계는

잠시 멈췄던
백 년 전쟁이 다시 시작됨
1422년

프랑스의
애국 소녀 잔 다르크
화형에 처해짐
1431년

쿠텐베르크
금속 활자 발명
1450년

○ **1443년** | 한글 창제

세종 대왕이 한글을 만든 진짜 이유 세 가지

만약 세종 대왕이 한글을 만들지 않았더라면 우리는 '가나다' 대신 '하늘 천 따 지'라며 어려운 천자문을 외워야 했을지도 모릅니다. 한글이 있어서 참 다행이지요?

자기 말을 가진 나라는 오랑캐 나라?

'수리수리 마하수리, 배춧잎아, 들어와라, 들어와라……'

설날이 되면 외우는 주문이라고요? 아하, 그럼 배춧잎은 푸르스름한 빛깔을 가진 빳빳한 만 원짜리 지폐겠네요? 그렇다면 혹시 여러분은 이 지폐에 그려진 위대한 인물이 누구인지 알고 있나요? 한글을 만드신 세종 대왕이라고요? 그럼 여러분은 세종 대왕이 한글을 만든 진짜 이유도 다 알고 있겠군요?

'훈민정음'이란 한글의 옛 이름이지요. '백성을 가르치는 바른 소리'란 뜻입니다. 그만큼 한글은 배우기 쉽고 따라 하기에도 편한 글자입니다. 이 사실은 세종 대왕 시절 한글 창제에 참여했던 정인지라는 학자의 말에서도 잘 드러나지요.

"한글은 지혜로운 사람이라면 하루, 어리석은 이도 열흘이면 깨칠 수 있는 문자이다."

요즘도 웬만한 어린이들은 유치원 때부터 한글을 깨칩니다. 정인지의 말이 거짓이 아니라는 것을 알려주는 좋은 예이지요.

쉽고 우수한 한글은 정작 너무나도 힘든 과정을 거쳐 완성됐습니다. 삼국시대 이래로 중국 글자를 목숨처럼 여겨 온 사람들의 반대 때문이었습니다. 이들은 마치 한글이 나라를 망치기라도 할 것처럼 거세게 반대했지요. 최만리라는 신하의 말을 들어보겠습니다.

"중국과 다른 문자를 만드는 일은 큰 나라를 섬기는 데 도움이 되지 않습니다. 자기 말을 갖고 있는 나라는 몽골, 여진, 일본 등 오랑캐의 나라뿐입

● 세종 대왕(1397년~1450년)

조선의 제4대 임금으로 학문을 좋아하였다. 정치, 경제, 문화, 과학 등 여러 분야의 발전을 이끌었다.

니다. 한글을 만들면 우리도 오랑캐의 나라가 될 것입니다."

자기 민족의 문자를 갖는 일이 오랑캐가 되는 지름길이라는 것입니다. 결국 우리나라는 영원히 중국의 신하로 살아야 한다는 말인가요? 정말 이상한 생각이지요?

다행히 지혜로운 세종 대왕은 이 모든 반대를 물리쳤습니다. 궁궐 안에 '정음청'이라는 기관을 세우고, 가장 우수한 학자들을 뽑아 한글을 만들도록 했지요. 또 한글 창제에 반대하는 신하들을 옥에 가두면서까지 자신의 뜻을 펼쳐 나갔습니다. 세종 대왕의 현명한 결정이 아니었다면 우리는 지금도 중국 글자를 쓰고 있을지 모를 일입니다.

한글을 창제한 세 가지 이유는?

"나라의 말이 중국과 달라 백성들이 말하려는 것이 있어도 글로 표현하지 못한다. 이 일을 불쌍히 여겨 28자를 만들었으니 모두가 쉽게 배우고 사용하기 편하게 하려는 것이다."

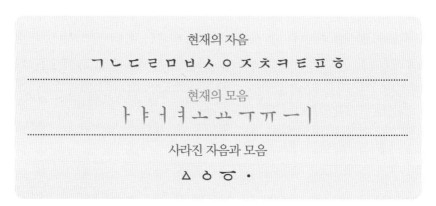

● 한글 자음과 모음의 수
한글은 원래 자음과 모음을 합쳐 28자로 구성되어 있었으나, 세월이 흐르며 4자는 쓰지 않게 되었다. 현재의 한글은 24자만을 이용한다.

세종 대왕이 밝힌 한글 창제의 이유입니다. 이 말에서도 알 수 있듯 한글에는 백성을 사랑하는 세종 대왕의 따뜻한 마음이 배어 있습니다. 한글을 만든 첫 번째 이유는 바로 그것입니다. 이 사실은 정인지의 말 속에서도 잘 드러나고 있지요.

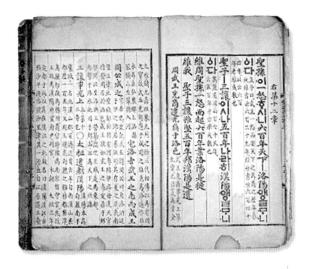

"한글로 재판에 관한 일을 다스리면 상황을 보다 정확히 알 수 있다."

그 무렵 백성들은 글을 몰라 큰 고통을 받고 있었지요. 곤란한 일을 당해도 나라에 도움을 청할 수 없고, 재판을 받아도 마찬가지였습니다. 그래서 억울하게

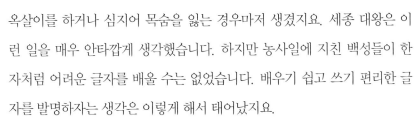

● 용비어천가
훈민정음으로 기록된 최초의 책이다. '뿌리 깊은 나무는 바람에 흔들리지 아니한다' 는 제2장의 문구가 유명하다.

옥살이를 하거나 심지어 목숨을 잃는 경우마저 생겼지요. 세종 대왕은 이런 일을 매우 안타깝게 생각했습니다. 하지만 농사일에 지친 백성들이 한자처럼 어려운 글자를 배울 수는 없었습니다. 배우기 쉽고 쓰기 편리한 글자를 발명하자는 생각은 이렇게 해서 태어났지요.

한글 창제의 목적은 이것만이 아닙니다. 한 나라의 임금으로서 세종 대왕은 백성들의 충성심을 이끌어 낼 필요도 있었으니까요. 쉬운 한글은 그런 목표를 이루기 위해서도 아주 쓸모가 있었습니다.

훈민정음으로 펴낸 최초의 책 『용비어천가』를 보면 그 사실이 잘 드러납니다. 이 책에는 세종 대왕의 여섯 조상의 삶이 실려 있지요. 세종 대왕의 조상들이 오랜 세월 많은 덕을 쌓고, 하늘의 도움을 받아 조선을 세웠다는 내용입니다. 결국 조선은 하늘이 세워 준 나라이므로 백성들은 충성을 다 바쳐야 한다는 것이었지요. 한글을 만든 것에는 이런 사실을 널리 알려 백

성들의 마음을 한 곳으로 모으려는 목적도 있었습니다.

　마지막으로 한글은 중국과의 관계를 더욱 발전시키기 위한 것이기도 했습니다. 이것은 한글 때문에 오랑캐가 될 것이라 했던 신하들의 생각과는 달랐지요. 다른 나라와 친하게 지내기 위해서는 무엇보다 그 나라의 말을 정확히 알아야 합니다. 그런데 중국 말은 발음이 너무 어려워 먼저 우리말로 적은 뒤 정확하게 배우는 일이 필요했지요. 1만 개가 넘는 소리를 그대로 받아 적을 수 있는 한글은 이 일을 위해서도 굉장히 편리한 문자였습니다.

　한글은 이처럼 세 마리 토끼를 한꺼번에 잡을 수 있는 멋진 화살이었지요. 백성을 사랑하는 마음, 좋은 나라를 만들겠다는 세종의 꿈이 문자의 역사에 길이 남을 걸작을 탄생시킨 것입니다.

⚜ 세종 대왕이 성군이 된 건 아버지 태종의 희생 때문이었다

　세종의 시대가 태평성대가 될 수 있었던 데에는 아버지 태종(1367년~1422년)의 힘이 컸습니다. 그가 왕권에 위협이 될 만한 일들을 대부분 정리해 놓았던 것입니다. 하지만 태종은 이 과정에서 수많은 사람들을 죽였습니다. 두 차례에 걸쳐 벌어진 '왕자의 난'에서 배다른 두 동생 방석과 방번, 그리고 정도전·남은 등의 신하를 죽였지요. 또 왕이 된 뒤에도 왕비의 힘을 믿고 설치던 민무구 형제들을 죽였습니다. 이들은 곧 자신의 처남이자 세종의 외삼촌들이기도 했지요. 이처럼 많은 사람을 죽인 결과 왕권을 위협할 세력은 더 이상 찾아볼 수 없게 되었습니다. 세종의 태평성대는 이들이 흘린 피 위에 세워진 것이기도 했습니다.

⚜ 외국에서 더욱 인정받은 한글의 가치

　우리들은 어릴 때부터 한글이 얼마나 우수한 문자인지를 배웁니다. 그러나 한글은 정작 우리나라에서보다 외국에서 더 높이 평가받고 있지요. 세계적으로 널리 알려진 미국의 과학 잡지 《디스커버리》는 1994년 6월호에 이런 내용을 실은 적이 있습니다.

　"한글은 독창성이 있고 기호, 배합 등 효율 면에서 돋보이는 세계에서 가장 합리적인 문자이다."

　또 언어 연구에서 세계적인 권위를 자랑하는 영국 옥스퍼드 대학에서는 세계 모든 문자를 합리성, 과학성, 독창성 등을 기준으로 순위를 매긴 적이 있습니다. 여기에서 1등을 차지한 언어도 바로 우리 한글이었지요. 영국의 존 맨이라는 작가는 이렇게 말합니다. "한글은 모든 언어학자들로부터 고전적 예술 작품으로 평가된다." 유네스코는 1997년 '훈민정음'을 세계 문화유산으로 정했습니다.

● 동로마(비잔틴) 제국
멸망

● 일본에서
오오닌의 반란이
발생하다

● 에스파니아(스페인) 왕국
세워짐

1453년　　　　　　1467년　　　　　　1479년

◉ 1460년~1485년 | 『경국대전』의 편찬과 완성

여성의 속치마 폭까지
법으로 정해 놓았다고?

우리나라에는 모든 일의 기준이 되는 '헌법'이 있습니다.
조선 시대에도 '경국대전'이라는 헌법이 있었다고 합니다.
수백 가지 법이 모여 있는 경국대전 속으로 들어가 볼까요?

세조가 내린 뜻밖의 명령은?

유교를 받들던 조선 시대에는 부모에 대한 효도를 아주 중요하게 생각했습니다. 그래서 부모가 죽으면 3년 동안 상복**임금이나 부모가 죽었을 때 입는 옷을** 입고 죄인처럼 생활했지요. 살아 계실 때 제대로 모시지 못한 죄를 뉘우치면서 말입니다.

벼슬아치들도 부모가 죽으면 자리를 내놓고 고향으로 돌아갔습니다. 묘지 옆에 움막을 짓고 생활하며 구슬피 울곤 했습니다. 임금도 이 일은 어쩔 수 없었습니다. 심지어 전쟁을 하다가도 부모를 잃은 장수들은 집으로 돌아갈 정도였지요.

그런데 조선 제7대 임금 세조(재위 1455년~1468년) 때는 이상한 일이 일어났습니다. 부모를 잃은 신하가 조정에서 물러나자 세조가 뜻밖의 명령을 내린 것입니다.

"효도를 하려는 마음은 이해하지만, 나라의 일이 워낙 중요하니 어쩔 수 없다. 빨리 조정으로 돌아와 다시 일을 하라."

누구보다 효도를 장려하고 모범을 보여야 할 임금. 임금이 이런 명령을 내리는 것은 흔치 않은 일이었습니다. 그렇다면 정말 궁금해집니다. 여기서 세조가 말하는 '나라의 일'이란 무엇이었을까요? 얼마나 중요하기에 부모를 잃은 신하까지 조정으로 불러올렸을까요?

세조의 정성에는 이유가 있었다!

『경국대전』의 편찬. 세조가 말하는 중요한 일은 바로 그것이었습니다. 『경국대전』은 나라를 다스리는 데 필요한 법률을 담아낸 법전이었지요.

이전에도 조선은 여러 법전을 펴낸 일이 있습니다. 1394년 편찬된 『경제

육전』과 그 뒤에 펴낸 『속육전』 등이 그것입니다. 하지만 이런 법전들에는 한 가지 문제점이 있었지요. 필요할 때마다 법을 만들어 끼워 넣었기 때문에 누더기처럼 앞뒤가 맞지 않았던 것입니다. 이런 문제점을 고쳐 완벽한 법전을 만들어 내는 일은 조선 임금과 신하들의 오랜 꿈이었습니다.

세조는 이 일을 본격적으로 시작한 임금입니다. 그는 임금이 된 지 3년째 되던 해인 1457년부터 『경국대전』에 많은 정성을 쏟았지요. 묘지를 지키러 고향에 내려간 신하를 불러들이고, 나중에는 직접 법전의 편찬에 뛰어들기도 했습니다. 물론 나라의 법전을 마련하는 건 너무나도 중요한 일입니다. 하지만 세조가 『경국대전』에 쏟은 정성은 때로 지나쳐 보일 정도였습니다.

물론 세조의 이런 정성에는 큰 이유가 있었습니다. 그가 왕위에 오른 과정이 아주 복잡했기 때문입니다. 그는 조카이던 조선 제6대 임금 단종(재위 1452년~1455년)을 죽이고 왕위에 올랐습니다. 한마디로 평화롭던 조선 왕조를 하루아침에 피로 얼룩지게 한 인물이 바로 자신이었던 거지요.

어린 조카를 죽이고 왕위에 오른 세조

세조는 원래 임금이 될 수 없는 몸이었습니다. 세종대왕의 둘째 아들이었기 때문입니다. 세종의 뒤를 이은 맏아들 문종(재위 1450년~1452년)은 건강이 좋지 않았습니다. 그래서 왕이 된 지 겨우 2년 4개월 만에 죽고 말았지요. 문종이 죽자 그의 아들 단종이 왕위를 이었습니다. 하지만 이때 단종의 나이는 겨우 12살에 불과했습니다.

임금이 되고 싶은 꿈에 불타오르던 세조에게는 좋은 기회였습니다. 그는 문종의 부탁으로 어린 왕을 돌보던 김종서, 황보인 등의 신하들을 쇠몽둥

이로 때려죽였습니다. 이들이 나이 어린 임금을 깔보고 반란을 일으키려 했다는 이유에서였지요.

하지만 삼척동자도 다 아는 일이었습니다. 왕이 되고 싶은 세조가 그들을 죽였다는 사실을 말이지요. 과연 세상 사람들의 예상은 빗나가지 않았습니다. 세조가 어린 조카를 협박해 임금 자리를 빼앗은 것입니다. 단종이 임금이 된 지 겨우 3년 만의 일이었습니다.

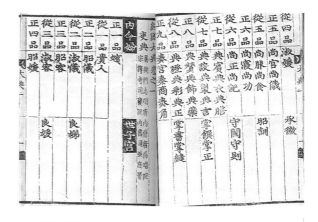

● 경국대전
조선 최고의 법전이다. 나라의 행정, 세금과 재정, 외교와 예법, 군사, 형벌, 재판, 도로나 산업 등에 관한 내용을 폭넓게 다루고 있다.

이 이야기를 통해 우리는 세조가 『경국대전』의 편찬에 기울인 정성을 이해할 수 있습니다. 세조는 죽는 날까지 조카를 죽이고 임금 자리를 빼앗았다는 비난에서 자유로울 수 없었습니다. 그래서 그는 수많은 업적을 쌓아 이런 비난에서 벗어나려 했지요. 조선 최고의 법전인 『경국대전』을 편찬하겠다는 욕심도 그 가운데 하나였습니다. 『경국대전』은 아직 자리를 잡지 못한 나라의 제도를 정비할 수 있는 좋은 기회였습니다. 또 그것을 통해 땅에 떨어진 왕권을 바로 세울 수 있으리라 기대했던 것이지요.

하지만 세조는 꿈을 이룰 수 없었습니다. 『경국대전』이 완성되기 전에 눈을 감았기 때문입니다. 이 법전은 그 뒤로도 수없이 고쳐진 끝에 1485년(성종 16년)에야 세상에 모습을 드러냈습니다. 세조가 죽은 지 18년 만의 일이었지요.

400년 동안 지켜진 조선 최고의 법전, 『경국대전』

세조의 꿈처럼 『경국대전』은 조선의 안정과 발전에 큰 역할을 했습니다. 이 법전은 1894년 폐지될 때까지 무려 400여 년 동안이나 살아남게 되었지요.

『경국대전』은 모두 319개의 내용으로 이루어져 있었습니다. 나라의 운영을 위해 필요한 모든 내용을 아주 자세하게 다루고 있는 셈입니다. 그래서 흔히 『경국대전』을 오늘날의 헌법과 견주고는 합니다. 하지만 『경국대전』은 헌법보다도 훨씬 폭넓은 내용을 담고 있었습니다. 나라의 제도뿐만 아니라 백성들의 생활에 필요한 다양한 내용까지 시시콜콜 담고 있기 때문입니다.

예를 들어 『경국대전』에는 노비가 아기를 낳았을 때 휴가를 며칠간 주어야 하는지도 정해져 있습니다. 아기를 낳기 전에는 30일, 낳은 뒤에는 50일이었지요. 또 가난한 벼슬아치의 딸이 서른 살이 되어도 혼인을 하지 못하면 나라에서 결혼 비용을 대주어야 한다는 내용도 있습니다. 이밖에도 여러 가지 예절에 관한 법을 정해 놓고 이를 어기면 벌을 받게 했지요. 심지어 벼슬아치나 백성들이 사치를 부리지 못하도록 부녀자의 속치마가 12폭을 넘지 못하도록 정해 놓았을 정도입니다.

이처럼 『경국대전』은 조선의 모든 것을 지배하던 짜임새 있는 법전이었습니다. 어쩌면 『경국대전』의 편찬에 기울인 세조의 엄청난 정성이 그것을 가능하게 했는지도 모르겠습니다.

❀ 쫓겨난 단종은 어떻게 됐을까?

　1455년, 수양 대군에게 자리를 물려준 단종은 상왕 자리에 올랐습니다. 겉으로는 왕실의 어른이 됐지만 언제 죽을지 모르는 불안한 상황이었지요. 결국 단종은 이듬해에 강원도 영월로 귀양을 가게 됩니다. 하지만 이곳도 안전한 곳은 아니었습니다. 1457년 10월 24일, 세조는 금부도사**중죄를 저지른 범인을 다스리던 벼슬아치**를 보내 단종에게 사약을 내리도록 했지요. 하지만 금부도사는 죄 없는 단종에게 차마 사약을 올릴 수 없었습니다. 그러자 몸종들이 달려들어 단종의 목을 조르고 말았지요. 이때 단종의 나이 겨우 17세. 꽃다운 나이에 욕심 많은 삼촌에 의해 죽음을 맞게 된 것입니다.

❀ 사육신과 생육신은 무얼까?

　임금에 대한 충성을 중요하게 여기던 선비들은 세조의 행동을 받아들일 수 없었습니다. 그래서 이들 중에는 단종을 다시 왕으로 세우려는 사람들이 나타났지요. 이들은 명나라 사신을 위한 잔치가 창덕궁에서 벌어지는 틈을 노려 세조를 죽이기로 했습니다. 하지만 김질이라는 신하의 배신으로 모두 사로잡히고 말았습니다. 이들은 심한 고문 속에서도 세조의 행동을 꾸짖으며 당당하게 목숨을 바쳤습니다.

　사육신이란 이때 죽은 박팽년, 성삼문, 이개, 하위지, 유성원, 유응부 등 여섯 사람을 가리킵니다. 사육신이란 '목숨을 버린 여섯 명의 신하'란 뜻을 가진 말이지요. 생육신은 단종이 죽자 벼슬을 거절하고 한평생 조정에 나가지 않은 신하들을 가리킵니다. 김시습, 원호, 이맹전, 조려, 성담수, 남효온과 같은 인물이 '살아 있는 여섯 명의 충성스런 신하'로 알려져 있습니다.

그때 세계는

모스크바 공국이 몽골의
지배에서 벗어남

콜럼버스의
제1차 세계 항해.
서인도 제도의
산살바도르 섬 도착
(신대륙 발견)

바스코 다 가마
인도 항로 개척

독일의
마틴 루터가
종교 개혁을 시작

1480년 　　　　 1492년 　　　　 1498년 　　　　 1517년

1494년~1506년 | 폭군 연산군의 시대

조선의 네로 황제,
연산군의 최후

연산군은 임금이면서도 놀기에만 바빴습니다.
돈을 낭비하며 노는 모습을 뜻하는 '흥청망청'이라는 말도 연산군 때문에 생겼지요.
한 나라의 왕이 흥청망청한 대가는 온 백성들이 함께 치러야 했답니다.

쫓겨난 왕 연산군, 그는 누구인가?

여러분도 로마 시대 최고의 폭군 네로를 알고 있나요? 사치와 방탕을 일삼다 나중에는 로마를 불사르기까지 한 네로. 그는 로마 시민들에 의해 쫓겨나 비참한 죽음을 맞게 되지요.

그런데 우리 역사 속에도 네로 황제와 같은 폭군이 있습니다. 조선의 제 10대 임금 연산군(재위 1494년~1506년)이 바로 그입니다. 우선 연산군이라는 이름부터가 심상치 않지요? 다른 임금들은 전부 '조'나 '종'으로 끝나는데 그는 '군'이라는 이름으로 불리고 있기 때문입니다. 조선 시대 임금 중 '군'이라 불리는 사람은 모두 쫓겨난 왕들이었지요. 대체 얼마나 못된 짓을 저질렀기에 그는 역사에 길이 남은 폭군이 되었을까요?

연산군이 처음부터 폭군이었던 것은 아니었습니다. 오히려 그는 백성의 사랑과 기대를 한 몸에 모으던 임금이었지요. 연산군은 임금이 되기 전 11년 동안이나 성군이 되는 수업을 받았습니다. 그래서 백성들은 그가 왕위에 오를 때 '슬기로운 임금'이라며 기뻐하기도 했지요.

하지만 기대가 크면 배신감도 큰 법! 임금이 된 지 4년 만에 연산군은 진짜 모습을 드러냈습니다. 갈수록 나랏일에 흥미를 잃더니, 술과 여자에 빠져 방탕한 생활을 한 것입니다.

이 모습을 본 신하들은 한 목소리로 연산군을 비판했습니다. 연산군은 이들을 눈엣가시처럼 미워하게 되었습니다. 그래서 그는 '무오사화'를 일으켜 수많은 신하들을 죽이고 내쫓아 버렸지요. 무오사화란 무오년(1498년)에 많은 신하와 선비들이 죽거나 쫓겨난 사건을 말하는 것이었습니다.

신하들의 입을 틀어막자 연산군은 더욱 거칠 것이 없었습니다. 그는 요즘의 국립 대학과도 같은 성균관을 잔치를 여는 장소로 만들었습니다. 또 자신의 시중을 들 미녀를 전국에서 2천여 명이나 뽑았지요. 이들이 묵을 곳

을 마련하기 위해 궁궐을 넓히는 공사까지 했다고 하니 그의 사치가 얼마나 심했는지를 알 수 있습니다.

백성들 역시 극심한 고통을 겪어야 했습니다. 잔치에 드는 돈을 대느라 허리가 휘는 건 말할 것도 없습니다. 연산군은 사냥을 하기 위해 궁궐 밖 100리 안에 있는 백성들의 집을 전부 부숴 버렸지요. 그리고 그 안으로는 개미 한 마리도 얼씬거리지 못하게 했습니다. 하루아침에 집과 땅을 빼앗긴 백성들은 곳곳을 떠돌며 비참하게 살았습니다.

연산군 시대를 기록한 『연산군일기』는 이런 일들이 그의 잔인하고 비뚤어진 성격 때문에 일어났다고 얘기합니다. 좋은 임금이 되기 위해 11년 동안이나 한 공부도 원래의 성격을 누르기에는 부족했다는 것이지요. 그런데 연산군이 왜 이런 성격을 갖게 되었는지 이해할 수 있는 한 가지 사건이 있습니다. 어머니의 비참한 죽음이 그것입니다.

복수는 나의 꿈!

연산군의 어머니 윤씨는 질투심이 강한 여자였습니다. 남편인 성종이 수많은 후궁들을 거느리자 그녀의 질투는 더욱 폭발하고 말았습니다. 1477년(성종 8년)에는 성종이 사랑하던 후궁을 독살시키려다가 들킨 일까지 있었지요. 또 후궁 문제를 놓고 성종과 싸우다가 그만 성종의 얼굴에 손톱자국을 남기기도 했지요. 임금이 다스리던 시대에는 있을 수 없는 일이 벌어진 것입니다. 결국 성종과 그의 어머니 인수 대비는 윤씨를 내쫓게 되었습니다. 그 뒤 성종은 윤씨가 여전히 잘못을 뉘우치지 않는다며 사약을 내려 죽이고 말았지요.

어머니의 비참한 죽음을 알게 된 연산군은 복수를 꿈꾸게 되었습니다. 안 그래도 거칠고 잔인했던 연산군은 이 일 때문에 더욱 포악한 성격으로 바뀌고 말았지요. 연산군은 마침내 복수의 칼을 빼들었습니다. 그는 어머니 윤씨가 미워했던 후궁 엄씨와 정씨를 끌어내 죽여 버렸습니다. 또 어머니를 쫓아낸 인수대비까지 불손**공손하지 못함**한 말로 협박하여 죽음에 이르게 했습니다. 인수대비라면 곧 연산군의 할머니. 유교의 나라 조선에서는 있을 수 없는 일이었습니다. 그뿐만이 아닙니다. 연산군은 어머니를 죽이는 일에 찬성했던 신하들과 그 가족까지 잡아들여 죽여 버렸지요.

역사는 이 일을 '갑자사화' 라 부릅니다. 갑자년(1504년)에 나라의 선비들이 큰 화를 당했다는 뜻이지요.

폭군의 최후가 편안할 리 없다

갑자사화는 연산군에게 또 한 가지 면에서 좋은 일이었습니다. 신하들의 재산을 빼앗아 잔치를 여는 데 쓸 수 있었기 때문입니다. 그래서 어떤 학자들은 갑자사화가 일어난 진짜 이유가 이것 때문이었다고도 말합니다.

신하들은 더 이상 참을 수 없었습니다. 언제, 어떻게 연산군의 눈밖에 나 죽음을 맞을지 몰랐기 때문입니다. 1506년(연산군 12년) 9월 2일. 성희안과 박원종 등의 신하들은 마침내 반란을 일으켰습니다.

"왕이 놀라 뛰어나와 신하의 손을 잡고 턱이 떨려 말을 하지 못했다. 신하들은 바깥을 살핀다고 핑계를 대고 흩어져 달아나다가 뒷간에 빠지는 사람도 있었다."

『연산군일기』에 적힌 그날의 모습입니다. 먹고 노는 데만 열중했던 연산군은 그렇듯 어이없게 반란군의 포로가 되고 말았지요.

연산군을 내쫓은 반란군은 그의 배다른 동생 진성 대군으로 하여금 왕위를 잇게 했습니다. 그가 바로 조선 제11대 왕 중종(재위 1506년~1544년)입니다. 연산군은 강화도로 귀양을 갔습니다. 하지만 겨우 두 달 만에 죽고 말았지요.

지난날 너무나 방탕한 생활을 한 끝에 건강을 해쳤기 때문일까요? 아니

면 임금 자리에서 쫓겨난 한이 화병으로 도졌던 것이었을까요? 그 어느 쪽
이든 그의 시대는 조선에 돌이킬 수 없는 상처를 남겼습니다.

❋ '사화'란 어떤 사건들이고 왜 일어났던 것일까?

'사화(士禍)'란 주로 지방에 있다가 조정으로 들어온 선비들이 나라에 공을 세운 공신 세력에 의해 화를 당한 일을 가리킵니다. 조선 시대에 일어난 4대 사화는 무오사화, 갑자사화, 기묘사화, 을사사화입니다.

무오사화는 김일손, 권오복, 이목 등의 선비들이 유자광을 중심으로 한 공신들에게 죽임을 당한 사건입니다. 갑자사화는 1504년(갑자년, 연산군 10년), 연산군의 어머니 윤씨의 죽음에 관계된 신하들이 죽임을 당한 사건을 말하지요. 기묘사화는 1519년(기묘년, 중종 14년)에 조광조, 김식, 김정 등의 신하가 공신 세력인 남곤, 신정 등에 의해 목숨을 빼앗긴 사건을 말합니다. 1545년(을사년, 명종 1년)에 일어난 을사사화는 왕실의 외가 쪽 친척들 간에 다툼이 일어나 많은 신하들이 목숨을 잃은 사건을 말합니다.

사화	연도	내용
무오사화	1498년(연산군 4년)	연산군이 왕권 강화를 위해 벌인 조선 최초의 사화
갑자사화	1504년(연산군 10년)	연산군의 어머니 윤씨의 죽음에 대한 보복성 사화
기묘사화	1519년(중종 14년)	개혁을 원하던 기묘사림 세력에 대한 숙청
을사사화	1545년(명종 1년)	왕위 계승을 두고 일어난 왕실 외척 간의 다툼

◈ 임금의 이름 뒤에는 왜 '조'나 '종'이라는 말을 붙일까?

고려와 조선의 임금들 이름 뒤에는 대부분 '조'나 '종'이란 말이 붙습니다. 이것은 임금이 죽었을 때 붙이는 이름이지요. 보통 '조'는 나라를 세웠거나 전쟁 등의 큰 어려움을 극복한 임금에게 붙여진 이름입니다. 고려 태조 왕건이나 조선 태조 이성계, 임진왜란을 극복한 선조, 조선을 다시 일으켜 세운 영조나 정조 등이 그런 경우이지요. 또 '종'은 덕으로 어질게 나라를 다스린 임금에게 붙여지던 이름입니다. 고려 시대의 왕들은 대부분 '종'이라는 이름이 붙었고, 조선에서도 태종, 세종, 성종 등의 임금을 볼 수 있지요. '군'이라는 이름은 대부분 왕의 형제나 왕자, 나라에 공이 많은 신하들에게 붙여주던 이름이었습니다. 연산군이 '조'나 '종'으로 불리지 못한 것은 사치와 방탕한 생활로 나라를 어지럽혀 왕의 자격을 잃었기 때문입니다.

◈ 반정이란 무엇일까?

'반정(反正)'이란 조선 시대에 지금 있는 왕을 내쫓고 새로운 왕을 세우는 일을 말합니다. 이때 '반정'이란 '옳지 못한 것으로부터 바른 것으로 되돌아간다'는 뜻을 가진 말이지요. 조선 시대에 반정은 두 차례 일어났습니다. 하나는 연산군을 쫓아내고 중종이 왕위에 오른 '중종반정', 그리고 광해군을 몰아내고 인조가 왕위에 오른 '인조반정'이 그것이지요. 연산군을 몰아낸 중종반정과 달리 인조반정은 서인들의 욕심이 빚어낸 사건이었습니다.

● 스페인의 피사로
잉카 제국을 정복함

● 미켈란젤로 사망,
셰익스피어 탄생

● 일본에서
무로마치 막부 멸망

● 이탈리아 선교사
마테오 리치가
명나라에 옴

1533년   **1564년**   **1573년**   **1580년**

○ 1575년~19세기 | 당파의 형성과 당쟁

조선 사람들의 몸에 검푸른색 피가 흐른다고?

동인, 서인, 남인, 북인······.
조선 시대 관료들이 동서남북으로 편을 갈라 싸우는 모습을 두고 붙인 말입니다.
점잖은 양반들이 편을 갈라 싸운 이유는 무엇이었을까요?

훈구파와 사림파의 대결

고려를 멸망시키고 새로 들어선 조선 왕조. 하지만 조선도 점차 고려와 비슷한 길을 걸어가기 시작했습니다. 임금과 신하들 사이가 나빠지고, 신하들도 여러 갈래로 나뉘어 싸우게 된 것입니다.

조선은 양반 중심의 사회였습니다. 양반은 조선 시대의 귀족이었던 셈입니다. 이런 양반 중에는 나라에 공을 세우고 높은 벼슬을 하는 신하들이 있었습니다. 이에 비해 자연 속에 묻혀 살며 조용히 공부에 힘을 쏟는 사람들도 있었지요. 이들은 각각 훈구파와 사림파라는 이름으로 불렸습니다.

높은 벼슬을 차지하고 있던 훈구파는 점차 임금의 골칫거리가 되었습니다. 너무나 힘이 강해져서 임금조차도 이들의 눈치를 봐야 했던 것입니다. 게다가 이들은 옳지 못한 방법으로 땅을 넓혀 수많은 백성들을 고통스럽게 했습니다. 마침내 성종(재위 1469년~1494년)은 이들을 누르기 위해 곳곳에 있는 사림파를 불러들이기로 결심했습니다. 사림파 중에는 올곧은 선비들이 많았기 때문입니다. 이들로 하여금 훈구파의 잘못을 비판하게 하고 나라를 성리학의 가르침대로 이끌기 위해서였습니다.

성종의 생각은 맞아떨어졌습니다. 자신의 이익만을 생각하던 훈구파들은 백성의 지지를 받을 수 없었습니다. 또 오랫동안 학문을 연구하던 사림파들의 실력을 당해낼 수도 없었지요. 결국 제14대 임금 선조(재위 1567년~1608년) 때부터는 사림파가 훈구파를 대신해 나랏일을 이끌어 가게 되었습니다.

이런 훈구파와 사림파의 대결이 당쟁일까요? 아닙니다. 당쟁은 권력을 쥔 사림파 내부의 다툼으로 벌어진 일입니다.

그들은 왜 싸우게 되었을까?

당쟁당파가 서로 싸우는 것이 처음 일어난 때는 1575년(선조 8년)입니다. 그 출발은 아주 작은 사건 때문이었지요. 이조전랑이라는 정5품 벼슬을 누가 차지하느냐를 두고 시작된 것입니다.

어느 날 이조전랑 벼슬을 맡고 있던 김효원이라는 사람이 자리에서 물러나게 되었습니다. 그런데 그는 자신의 자리를 이을 사람이 심의겸이라는 사람의 동생이라는 사실을 알게 됐지요. 심의겸은 임금의 외가 쪽 친척이었습니다. 김효원은 왕의 친척이 이 자리를 맡는 것은 옳지 않다고 주장했습니다. 이조전랑은 낮은 벼슬이지만 벼슬아치들의 임명과 승진을 다루는 아주 중요한 자리였기 때문입니다.

사람들은 각각 김효원과 심의겸 편으로 갈라지게 되었습니다. 김효원이 옳다고 얘기하던 이들은 동인이 되었습니다. 그의 집이 한양의 동쪽에 있었기 때문입니다. 이들은 조정에 들어온지 얼마 안 되는 후배 사림들이었습니다. 심의겸이 옳다고 주장하던 이들은 서인이 되었습니다. 심의겸의 집이 한양의 서쪽에 있었기 때문입니다. 이들은 동인보다 먼저 조정에 들어와 있던 선배 사림들이었지요.

아주 작은 일을 가지고 시작됐던 당쟁은 곧 걷잡을 수 없이 복잡해졌습니다. 동인은 남인과 북인으로 나뉘었습니다. 또 같은 북인 안에서도 대북과 소북, 골북, 육북, 탁소북, 청소북 등으로 갈라지게 되었지요. 서인 역시 소론과 노론으로 나뉘었다가 다시 노론 시파, 벽파 등으로 갈라지게 되었습니다.

사림파가 이처럼 여러 갈래로 나누어진 이유는 무엇이었을까요? 바로 나라를 어떻게 이끌고 갈 것인가에 대한 생각이 달랐기 때문입니다. 이들은 원래 유학의 가르침에 대한 생각에서부터 차이를 드러내는 경우가 많았지요. 동인들은 주로 퇴계 이황과 조식, 서경덕이라는 학자의 제자들이었습니다. 서인들은 율곡 이이와 성혼의 제자들이 많았지요. 이런 학문의 차이는 나랏일을 할 때도 똑같이 나타났습니다. 같은 일을 놓고도 이들은 서로 다른 방법으로 나라를 이끌어야 한다고 주장했던 것이지요.

일본 사람들의 주장은 사실일까?

이처럼 당쟁은 어느 당파가 나라를 위해 더 좋은 일을 할 수 있는지를 경쟁하는 좋은 무대였습니다. 실제로 당쟁이 가장 치열하게 벌어졌던 숙종부터 정조까지의 시대는 조선이 그 어느 때보다 크게 발달했지요. 또 백성들은 경쟁을 벌이는 당파들 덕분에 보다 편안한 생활을 누리기도 했습니다. 당파들 모두가 서로 약점을 잡히지 않기 위해 행동거지를 조심했기 때문입니다.

물론 문제점도 있었습니다. 당쟁이 점차 누가 권력을 쥘 것인가라는 문제로 바뀌어 갔다는 것입니다. 한 당파가 권력을 쥐면 다른 당파에는 피바람이 몰아치기 일쑤였습니다. 그러니 나랏일은 뒷전으로 미루고 목숨을 건 권력 싸움을 벌이게 된 것이지요.

이러한 당쟁의 어두운 면만을 강조하여 우리 역사를 깎아내린 이들이 있습니다. 바로 일본 사람들입니다. 일제 시대 때 그들은 이렇게 주장했지요.

"조선 사람의 핏속에는 특이한 검푸른 피가 섞여 있어서 서로 갈라져 싸우기를 좋아한다. 이런 성격은 눈동자나 머리카락 색깔처럼 변하지 않는 것이다."

결국 우리 민족이 갈라져 싸우는 것은 어떤 방법으로도 고칠 수 없다는 말입니다. 싸움을 멈추기 위해서는 일본 같은 나라가 다스리지 않으면 안 된다는 뜻이지요. 당쟁에 관한 오해는 이렇게 생겨났습니다. 식민지 시대를 거치며 일본 사람들의 말이 진짜처럼 받아들여진 것이지요.

하지만 모든 것은 어두운 면과 밝은 면을 함께 갖고 있기 마련입니다. 당쟁 역시 마찬가지입니다. 정정당당한 경쟁은 발전시키고, 권력 욕심에 나랏일을 그르친 예는 본받지 말아야 한다는 것입니다.

자, 이제 큰 깨달음을 얻었으니 해야 할 일이 있다고요? 외국 사람들에게 엉뚱한 비웃음을 사지 않기 위해서라도 끼리끼리 노는 버릇부터 고쳐야겠다고요? 역사 공부는 역시 유익합니다.

검푸른 피가 흘러 그렇게 싸움만 하는 거지?

어험

● 정쟁의 흐름

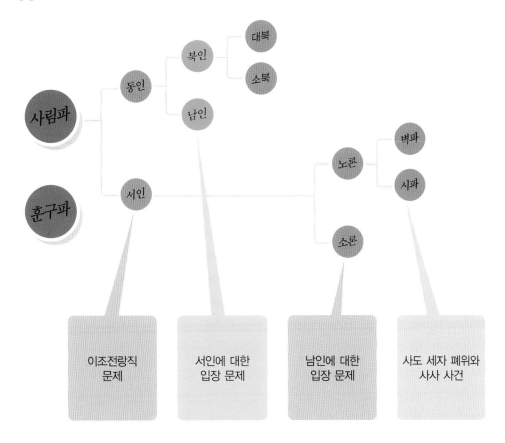

명종	선조	광해군	인조	효종	현종	숙종	경종	영조	정조	순조
1545	1567	1608	1623	1649	1659	1674	1720	1724	1776	1800

4대 사화	동인 집권, 남인·북인 대립			서인 집권		서인·남인 대립	서인 집권, 노론·소론 대립	노론 집권, 소론 참여		노론 집권, 소론 참여

붕당 정치의 발전						붕당 변질		탕평책		세도 정치

✱ 조선 시대 벼슬은 어땠을까?

　조선 시대 벼슬은 모두 18단계로 나누어져 있었습니다. 종9품부터 정1품까지 모두 18개 벼슬이 지그재그로 엮어져 있었지요. 이것을 낮은 순서부터 위로 올라가면 '종9품 → 정9품 → 종8품 → 정8품 → 종7품 → 정7품 → 종6품 → 정6품…… → 정1품'의 순서였지요. 따라서 정과 종의 구별은 그리 큰 의미가 없었습니다. 이들 벼슬은 정1품인 영의정, 좌의정, 우의정으로부터 맨 아래 단계의 종9품 참봉, 별장에 이르기까지 무척 다양했습니다.

품계	문관	무관	지방관	내명부
정1품	영의정 좌의정	우의정 도제조 영사	도제조 대장	빈
종1품	좌찬성 우찬성 제조	판사	–	귀인
정2품	지사 판서 좌참찬	우참찬 대제학	지사 제조 도총관 한성판윤	소의
종2품	동지사 참판 상선 대사헌	부총관 포도대장 내금위장	관찰사 병마절도사	숙의
정3품	참의 대사간 부제학 승지	첨지사 별장	목사 병마절제사	소용
종3품	집의 사간	대호군 부장	첨절제사	숙용
정4품	사인 장령 응교	호군 별제	–	소원
종4품	경력 첨정	부호군 첨정	–	숙원
정5품	정랑 지평 교리	사직	–	상궁 상의
종5품	도사 판관	현령 판관	–	상복 상식

품계	문관	무관	지방관	내명부
정6품	좌랑 별제	–	–	상침 상공
종6품	주부 교수	부장 종사관	–	상정 상기
정7품	박사	사정 참군	–	전빈 전의 전선
종7품	직장	부사정	–	전설 전언
정8품	저작	사맹	–	전찬 전식
종8품	봉사	부사맹	–	전등
정9품	훈도	사용	–	주궁
종9품	참봉	별장	–	주징 주우

✿ 퇴계 이황과 율곡 이이의 학문은 어떻게 다를까?

이황과 이이는 우리나라를 대표하는 학자들 가운데 하나입니다. 하지만 이들은 각자 성리학을 바라보는 입장이 달랐습니다. 이들의 차이를 간단히 나타내면 다음과 같습니다. 퇴계 이황의 경우는 훈구파의 횡포가 몹시 심할 때 활동을 하던 인물입니다. 따라서 주자학의 가르침을 보다 엄격히 적용하여 도덕을 바로 세워야 한다는 입장이었지요. 이에 비해 이이는 사림파의 힘이 강해지고 나랏일을 맡아 하던 때의 인물입니다. 따라서 주자학의 엄격한 기준보다는 나라에 도움이 되는 일을 더욱 중요하게 생각했지요. 이런 차이는 두 사람이 가르침을 따르던 동인과 서인의 차이로 나타나기도 했습니다.

● 율곡 이이(1536년~1584년) 1
조선의 문신이자 학자로, 『동호문답』 『성학집요』 등의 책과 글을 남겼다.

● 퇴계 이황(1501년~1570년) 2
조선의 문신이자 학자로, 『심경후론』 『성학십도』 등의 책과 글을 남겼다.

1

2

그때
세계는

명나라가 누르하치의
여진족에게 동북부의
땅을 잃음

스페인의 무적함대,
영국 함대에게
패배함

토요토미 히데요시
일본 통일

러시아에서
카자크의
대반란이
일어남

영국
동인도 회사 설립

1583년   1588년   1590년   1595년   1600년

1592년~1598년 | 임진왜란

일본에서는 왜 임진왜란을 '도자기 전쟁'이라고 부를까?

임진왜란은 동아시아의 역사를 바꿀 큰 전쟁이었습니다.
조선, 왜나라(일본), 명나라(중국)가 한데 모여 뒤엉켜 싸웠지요.
새로운 강자로 떠오를 나라와 역사의 중심에서 사라질 나라는 어디가 될까요?

대체 일본에서 무엇을 보았기에?

1591년(선조 24년)은 조선 사회가 당쟁으로 한창 시끄럽던 때였습니다. 그런데 바로 이 무렵 조선의 운명을 결정지은 중요한 일이 생겼지요. 막 일본에서 돌아온 통신사**일본에 간 사신을 가리키는 말** 황윤길과 김성일이 궁궐에 도착했던 것입니다. 그들은 선조에게 일본에서 본 것을 보고하게 되었습니다. 이 보고에 따라 앞으로 조선이 무엇을 해야 할지가 결정될 순간이었습니다. 선조 임금이 물었습니다.

"그래, 왜국(일본)의 상황은 어떤가? 우리나라를 침략할 것 같은가?"

통신사의 우두머리였던 황윤길은 심각한 표정을 지으며 이렇게 대답했지요.

"그렇사옵니다. 왜국은 반드시 우리나라를 침략할 것입니다."

하지만 부사 김성일은 뜻밖의 대답을 했습니다.

"아니옵니다, 절대로 그런 일은 없을 것입니다."

누구 장단에 춤을 춰야 할지 모를 대답이지요? 함께 일본에 간 두 사람은 똑같은 것을 보고 왔습니다. 그런데 이처럼 정반대의 이야기를 한 까닭은 무엇일까요? 그것은 황윤길과 김성일의 당파가 서로 달랐기 때문입니다. 황윤길은 서인이고, 김성일은 동인이었던 거지요. 김성일은 서인인 황윤길의 대답을 인정할 수 없었기 때문에 이처럼 엉뚱한 대답을 하게 된 것입니다. 바로 이 순간 당쟁의 어두운 그림자가 그를 짓누른 것이지요.

통신사 황윤길과 부사 김성일. 그들이 일본에서 본 것은 과연 무엇이었을까요?

일본의 침략은 누가 봐도 분명했다

그 무렵 일본은 막 통일의 회오리바람이 몰아닥친 뒤였습니다. 도요토미 히데요시(1536년~1598년)란 인물이 여러 영주**자기 땅을 거느리고 임금처럼 행세하던 사람**들을 물리치고 일본을 하나로 통일한 것입니다.

이제 이름뿐인 천황을 대신해서 일본의 주인이 된 토요토미. 하지만 그에게는 큰 고민이 있었습니다. 공을 세운 부하들에게 나눠줄 땅이 부족하다는 것도 큰 걱정거리였지요. 하지만 그보다 더 큰 것은 조선과 중국이 일본과 무역을 하지 않으려 한다는 것이었습니다.

삼국 시대 이래로 일본은 우리나라와 중국에서 건너간 발달된 문물을 바탕으로 큰 발전을 이루었습니다. 이런 사정은 도요토미 시대에도 변함이 없었지요. 일본이 조선과 중국과의 무역을 소중하게 생각할 수밖에 없는 이유였습니다.

하지만 일본의 무역은 커다란 벽에 부딪쳐 있었습니다. '왜구'라 불리던 일본의 해적들 때문이었습니다. 왜구들은 아주 오래 전부터 우리나라와 중국의 해안 지방을 약탈하며 엄청난 피해를 입혀 왔습니다. 이들 때문에 골머리를 앓아 온 조선과 중국 정부가 아예 일본과는 무역을 하지 않겠다고 선언했던 것입니다.

도요토미는 1588년(선조 21년) 조선에 사신을 보냈습니다. 무역을 다시 시작해 달라고 요구하기 위해서였지요. 하지만 조선은 도요토미의 요구를 딱 잘라 거절했습니다. 이때 도요토미는 몹시 화를 내며 조선에 갔던 사신의 가족을 죽이기까지 했다고 합니다. 자신의 명령을 제대로 받들지 못했다는 것이었지요. 이 일을 계기로 도요토미는 조선을 침략할 마음을 품게 되었습니다.

황윤길과 김성일이 본 것은 전쟁 준비에 열을 올리는 일본의 모습이었습니다. 전쟁은 누구의 눈에도 분명한 사실이었지요. 하지만 그들의 대답은 정반대였습니다. 더욱 나빴던 일은 선조가 당시 조정에서 큰 힘을 떨치고 있던 동인의 손을 들어주었다는 것입니다.

임진왜란, 누가 승리한 전쟁일까?

1592년(임진년, 선조 25년)에 시작된 전쟁은 7년간이나 계속됐습니다. 이 전쟁을 통해 조선은 엄청난 피해를 당했지요. 목숨을 잃은 병사만 17만 명이나 됐고 농토는 3분의 1로 줄어들었습니다. 끌려가거나 죽은 백성, 약탈당한 문화재도 헤아릴 수 없을 만큼 많았습니다.

백성들은 아무 준비도 없이 전쟁을 맞이한 임금과 양반들에게 큰 증오심을 느꼈습니다. 특히 선조가 한양을 버리고 도망치자, 개성의 백성들은 임금의 앞길을 가로막고 큰소리로 임금의 잘못을 꾸짖기도 했습니다. 이들 중에는 선조에게 돌을 던지는 사람도 있었지만 아무도 그를 말리지 않았다고 합니다. 왕조의 시대에는 상상할 수도 없는 일이 생긴 것이지요. 이뿐만이 아닙니다. 백성들은 궁궐에 불을 지르고, 함경도로 도망친 두 왕자를 왜군에게 내주기도 했습니다. 이처럼 무능한 임금에 대한 백성들의 분노는 컸습니다.

조선을 돕기 위해 군대를 보낸 명나라도 마찬가지로 어려운 처지가 되었습니다. 일본과의 전쟁을 치르느라 힘을 너무 많이 쏟은 결과 명나라의 국력은 크게 약해졌습니다. 때마침 만주에서는 누르하치라는 인물이 여진족을 통일하고 후금이라는 나라를 세웠습니다. 후금과 싸우던 명나라는 결국 나라의 힘을 회복하지 못한 채 멸망의 비극을 당하게 되었지요.

도요토미 히데요시 역시 꿈을 이룰 수 없었습니다. 전쟁이 끝나기 전 숨을 거뒀기 때문이지요. 하지만 일본은 이 전쟁을 통해 엄청나게 발전할 수 있었습니다. 조선에서 빼앗아간 활자, 그림, 책 등을 통해 일본의 문화가 찬란하게 꽃피어났기 때문입니다. 또 포로로 데려간 수많은 조선의 도자기공, 인쇄공, 학자들도 일본의 발전에 커다란 역할을 했습니다. 그래서 일본 사람들은 이 전쟁을 '도자기 전쟁' 혹은 '노예 전쟁'이라고 부릅니다. 이 말 속에는 그들이 조선을 침략하며 얻고자 했던 것이 무엇인지가 잘 드러나 있지요. 또 전쟁의 결과 일어난 일본의 변화가 무엇이었는지도 잘 나타나 있습니다.

임진왜란을 통해 동아시아의 선진국 명나라와 조선은 크게 힘을 잃었습니다. 대신 일본과 후금은 미래를 이끌어 갈 새로운 강자로 떠오를 수 있었지요.

이순신 장군이 영국의 넬슨 제독보다 뛰어난 이유는?

임진왜란의 영웅 이순신 장군은 영국의 넬슨 제독과 함께 세계 2대 해군 제독으로 꼽히고 있지요. 하지만 이순신 장군은 여러 면에서 넬슨 제독보다 뛰어난 장수였습니다. 넬슨 제독은 10만 명이라는 많은 병사들을 거느리며 영국 전체의 엄청난 지원을 받아 싸웠습니다. 하지만 이순신 장군은 낡고 고장 난 배와 무기를 가지고 전쟁에 나서야 했습니다. 또 나라로부터 아무런 도움도 받지 못한 채 농사까지 지으며 전쟁을 치러야 했지요. 이런 상황 속에서 단 한 번도 패배하지 않은 것은 기적과도 같은 일이었습니다. 19세기 말~20세기 초에 활동했던 일본 제독 도고 헤이하치로라는 인물은 이렇게 말합니다. "내가 세상에서 제일 존경하는 분은 조선 수군을 지휘했던 이순신 제독이다." 이순신 장군의 위대함이 일본 장군의 마음마저 빼앗은 것입니다.

● 이순신(1545~1598년)
조선의 명장으로 임진왜란 당시 나라를 지키기는 데 큰 공을 세웠다.

나라를 구한 대가가 죽음이라니!

바다에 이순신 장군이 있다면 육지에는 수많은 의병장들이 있었습니다. 의병이란 나라를 구하기 위해 떨쳐나선 평범한 백성들을 말하는 것이지요. 임진왜란 때 활약한 의병장에는 곽재우, 김덕령, 휴정 대사, 사명 대사 등이 있습니다. 하지만 이들은 옹졸한 임금 선조 때문에 널리 인정받지 못했습니다. 전쟁 동안 도망치기 바빴던 자신과 달리 이들은 목숨을 바쳐 싸웠기 때문입니다. 백성의 사랑을 받는 의병장들이 두려웠던 선조는 김덕령 장군을 죽이기까지 했습니다. 반란을 일으키려 했다는 이유 때문이었지요. 이 때문에 의병장들은 상을 받기는커녕 몸을 숨기기에 바빴습니다. 심지어 이순신 장군도 갑옷을 벗고 스스로 적의 총탄을 맞았다는 자살설까지 떠돌았으니, 선조의 옹졸함과 질투심이 어느 정도였는지를 알 수 있습니다.

- 일본에서
  에도 막부 시대가
  열림
- 러시아
  로마노프 왕조
  세워짐
- 영국 신교도,
  아메리카 대륙으로
  이주
- 갈릴레이의
  종교 재판
  열림
- 포르투갈이
  스페인으로부터
  독립

1603년   1613년   1620년   1633년   1640년

● 1636년 | 병자호란

우리 역사 속에 이렇게 치욕적인 장면이?

왕조 시대에 임금은 누구보다 높은 태양이었습니다.
그런데 조선의 임금이 다른 나라 왕에게 머리 숙여 절하는 일이 벌어졌습니다.
어찌된 일일까요? 눈물로 가득했던 그날로 돌아가 볼까요?

그날 인조는 무슨 생각을 했을까?

1637년(인조 15년) 1월 30일. 45일간 굳게 닫혀 있던 남한산성의 서쪽 문이 열렸습니다. 성문 안쪽으로부터 나온 사람은 푸른 옷을 입고 백마를 탄 남자. 성문을 나서는 그의 뒤로 그를 따르는 50여 명의 사람들도 눈에 띕니다.

그런데 이상한 일이었습니다. 이들의 눈에는 하나같이 눈물이 맺혀 있었기 때문입니다. 울고 있는 것은 그들뿐만이 아니었습니다. 성문 곁으로 몰려든 수많은 병사들과 백성들도 머리를 조아리고 통곡을 하고 있었던 것입니다. 이 남자는 누구였을까요? 대체 무슨 일이 있었기에 이 많은 사람들이 한꺼번에 눈물을 흘리고 있었던 것일까요?

푸른 옷의 남자는 바로 조선의 임금 인조(재위 1623년~1649년)였습니다. 뒤따르던 사람들은 왕위를 이을 세자와 신하들이었지요. 그들은 지금 성문을 열고 나와 조선을 침략한 청나라에 항복을 하러 가는 길이었습니다.

인조가 도착한 곳은 삼전도**지금의 서울 송파구**. 13만 대군을 거느린 청나라 황제 태종이 높은 단에 올라 인조를 기다리고 있었습니다. 인조는 무릎을 꿇고 청 태종에게 절을 했습니다. 세 번을 절하고 아홉 번 머리를 조아리는 항복의 의식이었지요. 이마저도 쉽지는 않았습니다. 청나라 신하들이 절을 제대로 하지 않는다고 꼬투리를 잡았기 때문입니다. 그 바람에 인조는 머리를 땅바닥에 세게 부딪쳐야 했지요. 인조의 터진 이마에서는 새빨간 피가 흘러내렸습니다.

이것이 병자호란이 끝나던 날 삼전도에서 벌어진 일입니다. 역사는 이것을 '삼전도의 치욕'이라고 말하고 있지요. 조선 왕조가 세워진 지 245년. 조선의 임금이 다른 나라 임금에게 머리를 조아린 일은 이때가 처음이었습니다. 그것도 늘 오랑캐라 업신여기던 여진족의 임금에게 치욕을 당하게 된 것입니다.

그날 인조는 무슨 생각을 했을까요? 나라를 지키지 못한 약소국의 임금으로서 슬픔을 삼키고 있었을까요? 아니면 자신이 내쫓았던 광해군의 비웃음을 머리에 떠올리고 있었던 것은 아니었을까요?

조선 시대 최고의 외교가 광해군

삼전도의 치욕이 일어나기 1년 전. 중국과 만주에서는 커다란 변화의 바람이 불어오고 있었습니다. 후금이 청나라로 이름을 바꾸고 명나라의 마지막 숨통을 끊으려 기회를 노리고 있었던 것입니다. 하지만 청나라는 먼저 조선의 항복을 받아내야 했습니다. 명나라를 어버이처럼 받들던 조선이 뒤에서 자신들을 공격할 수도 있었기 때문입니다. 청나라는 13만 명의 병사들을 보내 조선을 공격하게 되었지요. 1636년 12월, 병자호란이 터진 것입니다.

하지만 조선은 이 전쟁을 겪지 않을 수도 있었습니다. 인조가 쫓아낸 조선의 15대 임금 광해군(재위 1608년~1623년)이 명나라와 청나라 사이에서 뛰어난 외교 솜씨를 보여주고 있었기 때문입니다.

광해군은 명나라를 섬기는 것은 조선에 아무 도움이 되지 않는다고 생각했습니다. 이미 명나라는 지는 해라는 사실을 알고 있었던 것이지요. 조선의 살 길은 강대국들의 전쟁에 끼어들지 않으며 조용히 임진왜란의 상처를 치료하는 데 있다는 뜻이었습니다.

이런 광해군의 생각은 강홍립의 항복 사건을 통해 잘 드러납니다. 1619년 누르하치의 공격을 받은 명나라는 조선에 도움을 요청했지요. 광해군은 강홍립이라는 신하에게 1만 명의 병사를 주어 명나라를 돕도록 했습니다.

하지만 그는 강홍립의 옷깃을 잡고 남몰래 속삭였습니다.

"후금을 공격하더라도 너무 심하게 싸우지는 말라. 어느 쪽이 더 강한지를 살펴보고 그때 가서 행동을 결정하라."

강홍립은 명나라가 후금의 상대가 될 수 없다는 것을 알아차렸습니다. 그래서 후금에 항복하게 되었지요. 군대를 보낸 건 명나라의 부탁이라 어쩔 수 없었다는 핑계를 대고서였습니다. 어쩌면 비겁해 보이는 행동이 틀림없었습니다. 하지만 조선을 지키기 위해서는 어쩔 수 없는 선택이기도 했지요. 광해군에게 중요했던 건 명나라가 아니라 조선의 이익이었기 때문입니다.

이렇게 하여 광해군이 다스리던 조선은 전쟁의 피바람을 벗어날 수 있었습니다. 그래서 역사가들은 광해군을 조선 시대 최고의 외교가라고도 평가하고 있지요. 하지만 광해군과 조선의 운명은 곧 벼랑 끝에 서게 되었습니다.

병자호란은 조선이 스스로 불러들인 전쟁이었다!

1623년(광해군 15년) 3월 13일 밤. 조선에서는 큰 사건이 터지고 말았습니다. 이귀, 최명길, 김좌점 등의 신하들이 1천여 명의 반란군을 모아 궁궐을 공격한 것입니다. 반란군의 움직임을 예상하지 못했던 광해군은 어이없이 사로잡히고 말았지요.

이들이 내세운 반란의 이유는 무엇이었을까요? 바로 광해군의 외교였습니다. 명나라를 멀리하고 오랑캐에게 머리를 조아리는 건 임금으로서 자격을 잃은 행동이라는 것이었지요. 하지만 이는 겉으로 드러난 이유일 뿐이었습니다. 그들의 속셈은 따로 있었기 때문입니다.

광해군은 이제까지 대북파의 도움을 받으며 나랏일을 이끌어 왔습니다.

서인들은 바로 이들의 가장 큰 맞수였지요. 이귀, 최명길 등은 바로 이들 서인의 무리였습니다. 이들이 광해군의 외교를 문제 삼은 것은 반란을 위한 핑계일 뿐이었습니다. 결국은 자신들이 권력을 잡기 위해 반란을 일으킨 것이었으니까요. 서인들은 인조를 새로운 임금으로 맞아들였습니다. 이로써 청나라와의 전쟁은 피할 수 없는 것이 되고 말았지요.

청나라에 항복한 뒤 조선은 엄청난 피해를 입었습니다. 나라의 등골이 휠 만큼 엄청난 재물을 바친 것은 물론입니다. 게다가 50만 명이나 되는 백성들이 청나라에 끌려가고 말았지요. 임진왜란이 끝난 지 겨우 30년. 욕심 많은 신하들이 또 한 번 나라를 멸망에 가까운 길로 이끌었던 것입니다. '호란'이란 '오랑캐가 일으킨 싸움'을 뜻합니다. 하지만 이 전쟁은 조선 스스로가 불러들인 전쟁이기도 했습니다.

❈ 너무나 불운했던 광해군의 일생

광해군은 백성들에게 인기가 높은 왕자였습니다. 용맹하게 전쟁터를 누비며 왜군과 싸웠기 때문입니다. 그래서 임진왜란 때 백성들은 선조보다도 광해군을 더 따랐지요. 다른 왕자들의 집은 불태우면서도 광해군의 집에는 손을 대지 않은 것도 그 때문이었습니다. 선조는 백성의 지지를 받던 광해군을 몹시 미워했습니다. 게다가 광해군은 후궁의 아들이었습니다. 선조는 뒤늦게 정식 왕비를 맞아 영창 대군을 낳자 광해군을 세자 자리에서 내쫓으려 했습니다. 이런 어려움을 극복하고 간신히 임금이 된 광해군은 결국 자신을 반대하던 신하들에 의해 쫓겨나고 말았던 거지요. 인조반정 뒤 강화도에 갇혔던 그는 다시 제주도로 귀양을 갔습니다. 거기서 그는 19년을 더 살았습니다. 짓궂은 백성들이 '영감'이라 부르며 놀리는 데도 묵묵히 참아 내야 할 만큼 그의 생애는 비참했지요. 조선을 위해 열심히 싸웠던 대가는 겨우 그것이었습니다.

저 하르방이 왕이었네!

……

❈ 호란은 두 차례 일어났다

병자호란 전에도 호란은 이미 한 자례 일어난 적이 있었습니다. 1627년(인조 5년) 1월 중순부터 3월 초순까지 약 2개월간 후금의 침략을 받았던 것이지요. 이 전쟁은 정묘년에 일어났다 하여 '정묘호란'이라 불리고 있습니다. 조선은 이 전쟁도 임진왜란 때처럼 아무 준비 없이 맞이하고 말았습니다. 후금을 반대한다는 구실로 광해군을 내쫓았던 인조나 서인들로서는 있을 수 없는 일이었지요. 3만 명에 이르는 후금의 병사들은 삽시간에 평양을 점령하고 물밀 듯 남쪽으로 내려왔습니다. 조선은 후금의 동생 나라가 되겠다는 맹세를 하고 간신히 나라를 지킬 수 있었지요. 하지만 그 뒤로도 제대로 전쟁 준비를 못한 채 병자호란의 비극을 당하고 말았습니다.

● 뉴턴이
만유인력의 법칙을
발견

● 영국이
북아메리카에
13개의 식민지를
거느리게 됨

● 영국에서
산업 혁명이
시작됨

● 미국이
독립 전쟁을
시작하다

● 프랑스 대혁명이
일어남

1687년   1732년   1756년   1775년   1789년

○ 1694년~1800년 │ 조선을 다시 일으켜 세우려 한 영조와 정조

헉, 조선 시대에 독살된 왕이 있었다고?

전쟁과 당쟁으로 휘청거리던 조선.
이때 조선을 일으켜 세울 두 명의 왕이 등장했습니다.
자랑스러운 이야기의 주인공 영조와 정조를 만나 볼까요?

경종을 죽인 범인은 과연 누구일까?

경종과 영조의 아버지 숙종(재위 1674년~1720년)은 인경, 인현, 인원 왕후 등 세 명의 정식 왕비를 두었습니다. 하지만 이들에게서 아들을 얻지 못했지요. 대신 후궁인 희빈 장씨와 숙빈 최씨에게서 균과 금이라는 왕자를 두었습니다. 이들이 바로 경종과 영조입니다. 경종의 어머니 장희빈은 숙종의 많은 사랑을 받았지만 정식 왕비가 되기 위해 못된 짓을 일삼았습니다. 결국 그녀는 이런 일들이 들통 나 사약을 마시게 됐지요. 어린 나이에 어머니의 죽음을 지켜본 경종은 건강을 크게 해쳤습니다. 게다가 죄인의 아들을 임금에 앉힐 수 없다는 신하들의 반대에 늘 불안에 떨었지요. 왕이 된 뒤에도 경종은 하루도 편할 날이 없었습니다. 결국 그는 자식조차 두지 못한 채 의문의 죽음을 맞고 말았습니다.

"임금께서는 독살**독을 사용해 죽임**당하셨다. 눈, 코, 입 등 몸의 아홉 구멍에서 모두 피를 쏟으셨고 얼굴빛은 검은색이었다. 피마저도 검었다."

조선의 제20대 임금 경종(재위 1720년~1724년). 그가 죽는 모습을 곁에서 지켜본 심유현이라는 신하의 말입니다. 심유현은 경종의 왕비인 심씨의 동생이지요.

심유현의 말이 사실이라면 정말 엄청난 일이 아닐 수 없었습니다. 임금의 명령 없이는 풀 한 포기 마음대로 움직일 수 없는 게 바로 왕조 시대입니다. 그런데 임금이 독살됐다고요? 그게 가능한 일이었을까요?

하지만 당시 사람들은 이 소문을 사실로 믿는 경우가 많았습니다. 이들이 범인으로 꼽은 사람은 누구였을까요? 놀랍게도 경종의 뒤를 이은 영조(재위 1724년~1776년)였습니다. 경종이 죽은 건 당시 왕세제**왕의 동생으로 다음 차례에 임금이 되기로 정해진 사람**로 있던 영조가 보낸 음식을 먹고서였기 때문입니다.

게다가 이런 소문이 더욱 그럴 듯하게 들린 건 두 사람을 지지하던 당파가 서로 달랐기 때문입니다. 경종은 소론, 영조는 노론의 도움을 받고 있었지요. 결국 권력을 쥐려 한 노론이 소론 임금을 죽였다는 것이었습니다.

영조는 임금이 된 뒤 늘 경종을 죽인 범인이라는 의심을 받았습니다. 임금이 된 지 4년 만인 1728년. 소론 출신인 이인좌라는 인물이 반란을 일으켰습니다. 그는 경종의 관을 메고 영조를 내쫓아야 한다고 주장하기도 했지요.

이처럼 영조는 당쟁의 회오리바람 속에서 살았던 임금입니다. 하지만 바로 그렇기 때문에 누구보다 당쟁의 폐해를 잘 알고 있었지요. 지혜로운 임금 영조가 당쟁을 극복하기 위해 힘을 기울인 건 어쩌면 당연했습니다.

'탕탕평평!', 그 속에 숨은 뜻은?

당쟁을 없애기 위해 영조가 한 일은 '탕평책'을 실시한 것입니다. '탕평'이란 말은 중국의 『상서』라는 책에 나오는 '탕탕평평'이란 말에서 비롯된 것이지요. '어느 쪽에도 치우치지 않은 아주 공평한 상태'를 뜻하는 말입니다. '탕평책'은 그처럼 공정한 자세로 인재를 뽑겠다는 계획이었습니다. 모든 당파의 인재들에게 골고루 벼슬을 나눠줌으로써 싸움의 원인을 없애버리려 했던 것이지요.

탕평책은 영조가 수많은 업적을 남기는 데 중요한 밑거름이 되었습니다. 조정이 평화로워지자 영조는 백성을 위한 일에 몰두할 수 있었지요. 그는 세금을 줄여 백성의 생활을 편하게 만들어 주었습니다. 농사를 장려하고 일본에서 고구마를 들여오는 등 굶주림을 줄이기 위해서도 많은 노력을 기울였지요. 또 국방에도 힘을 써 여러 성을 새로 쌓았고, 학문과 예술 등에서도 뚜렷한 업적을 남겼습니다.

하지만 오랜 세월 뿌리를 내려온 당쟁은 하루아침에 사라질 수 없었습니다. 영조는 당쟁의 원인이 된 아들 사도 세자를 자기 손으로 죽여야 하는 불행을 맞기도 했지요. 하지만 당쟁을 극복하겠다는 영조의 의지는 누구도 깨뜨릴 수 없었습니다. 이렇듯 임금이 솔선수범하자 신하들도 함부로 싸울 수 없게 되었습니다. 영조가 이룩한 안정은 그의 손자 정조 시대에 이르러 더욱 꽃피게 되었습니다.

정조 시대에 더욱 활짝 핀 조선의 문화

영조가 눈을 감은 건 1776년. 그는 51년 7개월이나 임금 자리를 지킨 조선 시대 최장수 임금이었습니다. 다행히 정조는 할아버지 못지않게 뛰어난 임금이었지요. 정조는 탕평책을 이어받아 더욱 발전시켜 나갔습니다. 물론 정조 시대에도 당쟁이 완전히 극복된 건 아니었습니다. 정조는 임금이 된 지 얼마 되지 않아 궁궐에 침입한 자객**사람을 몰래 죽이는 사람**의 손에 죽을 고비를 넘기기도 했지요. 그가 왕이 되는 걸 반대한 당파의 짓이었습니다.

하지만 정조는 이런 어려움을 이겨 내고 수많은 업적을 쌓았습니다. 규장각을 세워 학문을 발전시키고, 수원성을 쌓는 등 과학 기술도 크게 발전시켰지요. 또 첩의 자식이라는 이유만으로 벼슬길을 막아 왔던 잘못된 관습을 고치기도 했습니다. 여러 가지 산업을 일으켜 백성의 삶을 크게 나아지게 한 건 물론입니다. 조선은 다시금 활기 넘치는 나라로 변하게 되었습니다.

역사가들은 이렇게 말합니다. 만일 정조가 조금만 더 살았더라면 조선의 역사는 크게 달라졌을지도 모른다고요. 하지만 정조는 한창 일할 나이인

49살에 갑자기 눈을 감고 말았습니다. 정조가 눈을 감은 뒤 그가 쌓아 올렸던 업적도 대부분 무너져 버리고 말았지요. 조선이 다시 암흑 세계로 빠져들게 된 것입니다.

정조의 갑작스런 죽음은 많은 의혹을 불러일으켰습니다. 그가 독살됐다는 흉흉한 소문이 나라 곳곳에 띠돌았습니다. 정조를 탐탁지 않게 생각하던 노론 벽파가 그를 살해했다는 것이지요. 당쟁에 의해 아버지를 잃고 온갖 위협 속에 탕평책을 지켜나갔던 정조. 그가 당쟁의 또 다른 희생자일지 모른다는 이야기는 많은 백성들의 슬픔을 불러일으켰습니다.

● **수원성(수원화성)**
수원을 새로운 경제 중심지로 키우려는 정조의 뜻에 따라 정약용 등이 계획을 세워 성을 쌓았다. 성을 지을 때 거중기와 같은 과학적 장비가 사용되었다. 1997년 유네스코 세계 문화유산으로 등재되었다. 사진은 수원화성의 북문인 장안문의 모습이다.

🌸 영조는 왜 자신의 아들을 죽여야 했을까?

사도 세자(1735년~1762년)는 당시 권력을 쥐고 있던 노론의 횡포를 못마땅하게 생각했지요. 그래서 아버지 영조를 왕세제로 세울 때 이들이 벌인 행동을 비판하기도 했습니다. 하지만 이것은 위험한 행동이었습니다. 노론을 비판하는 것은 자칫 아버지에 대한 공격으로 비칠 수도 있었기 때문입니다. 남인과 소론은 이런 사도 세자를 지지했고, 노론은 그를 공격하여 내쫓을 궁리를 하게 되었지요. 이처럼 자신의 아들로 인해 탕평책이 무너질 위기에 빠지자 영조는 엄청난 결심을 하게 됩니다. 1762년(영조 38년) 5월, 사도 세자에게 자살을 명령한 것입니다. 영조는 살려 달라고 애원하는 사도 세자를 뒤주^{쌀 따위의 곡식을 보관하는 나무 궤짝}에 가두어 8일 만에 죽게 만들었습니다. 나중에 영조는 이 일을 후회하며 나라를 위해 어쩔 수 없었던 일이라고 용서를 구했다고 합니다.

🌸 독살설에 휘말린 조선의 왕들은 누구였을까?

독살설에 휘말린 조선의 왕들은 뜻밖에도 많습니다. 이 중 대표적인 임금은 조선 제12대 임금이었던 인종(재위 1544년~1545년), 인조의 아들인 소현 세자(1612년~1645년), 제17대 효종(재위 1649년~1659년), 제18대 현종(재위 1659년~1674년), 제20대 경종(재위 1720년~1724년), 제22대 정조(재위 1776년~1800년), 제26대 고종(재위 1863년~1907년) 등입니다. 조선 임금 27명 중에 6명, 세자 1명이 독살된 것으로 의심을 받고 있다니 참 놀라운 일입니다. 이들은 대부분 당쟁의 혼란 속에서 죽고 말았습니다. 우리는 이와 같은 예를 통해 한 가지 사실을 알 수 있습니다. 조선에서는 임금을 죽일 수 있을 정도로 신하들의 힘이 아주 강했다는 사실입니다. 반대로 말하면 당쟁의 혼란이 그처럼 심했고 임금은 그것을 극복할 만한 힘이 없었다는 것이지요.

영국과 스코틀랜드가 하나의 나라가 되어 대영 제국이 됨	나폴레옹이 프랑스 황제에 오름	청나라와 영국 사이에 아편 전쟁이 일어남	마르크스가 『공산당선언』 발표	청나라와 프랑스 사이에 전쟁이 벌어짐
1707년	1804년	1840년	1848년	1884년

18세기~19세기 | 조선 후기의 사회 변화

조선 시대에는 장사로 때돈을 번 기생도 있었다

조선 후기 제주도에 한 사업가가 살았습니다.
그 사업가는 굶주린 백성들을 위해 재산을 내놓기도 했지요.
그런데 이 사업가는 여성이었다고 합니다.
조선 시대에 여성 사업가라니! 믿기지 않지요?

힘든 삶을 이어 가던 조선 여성들

"아들을 낳으면 상 위에 뉘여 구슬을 주어 놀게 하고, 딸을 낳으면 상 아래 눕혀 실패실을 **감아 두는 도구**를 주어 놀게 한다."

조선 시대 여성들의 삶을 상징하는 말입니다. 여자로 태어났다고 갓난아기 때부터 일을 시켜 먹을 궁리를 하다니! 신라의 여왕에 관한 이야기도 그렇지만 정말 여자 친구들이 화를 낼 만한 소리입니다.

하지만 이뿐만이 아닙니다. 조선의 여성들은 시집을 가면 벙어리 삼 년, 귀머거리 삼 년, 눈뜬장님으로 삼 년을 살아야 했지요. 여성들이 얼마나 힘겨운 삶을 살았는지 잘 알 수 있는 예입니다. 그런데 이런 여성 중에서도 더욱 힘겹게 살아간 사람들이 있습니다. 양반집이나 관아에서 노비로 부리던 몸종, 술자리에서 시중을 드는 기생이 그들입니다.

김만덕(1739년~1812년)도 그런 기생 출신이었습니다. 하지만 그는 천한 신분을 뛰어넘어 나라와 백성을 위해 큰 공을 세웠습니다. 거들먹거리기 좋아하는 남자 양반들조차 꿈꾸지 못했던 일을 한 것이지요. 그가 세웠다는 큰 공은 무엇이었을까요? 또 김만덕의 삶을 통해 우리는 조선 사회의 어떤 변화를 읽을 수 있을까요?

● 김만덕(1739~1812년)
조선 시대에 여성으로 태어났지만, 사업으로 큰 성공을 거두었으며 어려운 백성들을 적극적으로 도와 훌륭한 인물로 평가 받았다.

전 재산을 바쳐 제주 백성을 구한 김만덕

1739년 제주도에서 태어난 만덕. 그가 처음부터 기생이었던 것은 아닙니다. 원래는 평범한 백성의 딸로 태어났지요. 불행히도 만덕은 9살 때 부모를 여의었습니다. 그 뒤 한 술집의 몸종으로 팔려 갔다가 13살 되던 해 기생이 되고 말았지요. 20살 때는 기생 일을 그만두고 한 남자와 결혼했지만 남편마저 병으로 잃고 말았습니다.

홀몸이 된 만덕은 먹고살기 위해 장사를 시작했습니다. 만덕은 제주도의 특산물인 말총이나 미역 등의 해산물을 육지에 내다 팔았습니다. 또 육지에서는 옷감과 화장품, 노리개 따위를 들여와 제주도의 여성들에게 팔았지요. 만덕의 장사 솜씨는 매우 뛰어났습니다. 믿음과 정직을 바탕으로 장사를 했기 때문에 모두들 그가 파는 물건이라면 고개를 끄덕였습니다. 만덕은 곧 제주도에서 가장 큰 부자가 되었습니다.

그의 이름이 유명해 진 건 1794년(정조 18년)의 일이었습니다. 이때 제주도에는 큰 흉년이 들었습니다. 수많은 백성들이 굶주림에 고통 받았지요. 나라에서 쌀을 급히 보냈지만 싣고 오던 배가 침몰하는 바람에 백성들은 먹거리를 구경조차 할 수 없었습니다.

백성들이 굶주림에 죽어 가는 모습을 본 만덕은 가만히 있을 수가 없었습니다. 그는 이때까지 번 돈을 아낌없이 내놓았지요. 그 돈으로 쌀을 사서 10분의 1은 친척들에게 나눠 주고 나머지는 모두 백성들을 위해 내놓았습니다. 수많은 제주 백성들이 오직 만덕의 도움으로 목숨을 구하게 된 것입니다.

이 이야기를 듣게 된 정조 임금은 크게 감동했습니다. 그래서 만덕의 소원 두 가지를 들어주겠노라 약속했지요. 만덕의 소원은 한양으로 가서 임금을 뵙는 것과 금강산을 구경하는 것이었습니다. 원래 제주도의 여성들은 함부로 육지로 나올 수 없었습니다. 하지만 정조는 그녀를 의녀로 임명해 섬 밖으로 나올 수 있게 해 주었지요. 의녀? 그렇습니다. 만덕도 대장금처럼 의녀가 되어 임금을 만난 것입니다.

임금의 도움으로 소원을 푼 만덕은 제주도로 내려왔습니다. 그는 평화로운 여생을 보내다가 74살이 되던 해 고이 눈을 감았습니다.

상업의 발달이 없었으면 김만덕도 없었다

천한 신분을 조롱하던 조선 사회. 그런 사회를 원망하지 않고 착한 일을 한 만덕의 삶은 큰 감동을 줍니다. 그런데 우리는 이 이야기를 통해 또 다른 사실도 발견할 수 있습니다. 상업을 비롯한 여러 산업들이 활발하게 발달하고 있는 조선 사회의 모습이지요.

농사는 오랫동안 조선에서 가장 중요한 산업이었습니다. 하지만 조선 후기로 내려오면서부터는 점차 상황이 달라지게 되었습니다. 농업 기술이 발

달하자 생산물이 크게 늘어났던 것입니다. 농민들은 먹고 남은 농작물을 장에 내다 팔았습니다. 자연스레 전국 곳곳에 장이 서고 그 규모도 나날이 커지게 되었습니다. 이렇듯 상업이 발달하자 공업도 함께 발전하기 시작했습니다. 장사를 하자면 팔아야 할 물건을 만들어야 했기 때문입니다.

두 차례의 전쟁을 거치며 크게 바뀐 사회 분위기는 이런 변화를 더욱 부추겼습니다. 엄격한 신분 제도가 무너져 이제는 돈 많은 백성들이 양반의 신분을 사기도 했지요. 이제 신분이 아니라 돈이 더 중요하게 여겨지는 분위기가 만들어진 것입니다. 만일 이런 변화가 아니었다면 기생이 돈을 벌고 역사에 이름을 남기는 일도 없었을지 모릅니다. 상업의 발전이 아니었다면 김만덕도 역사에 이름을 남길 수 없었을 거라는 얘기이지요.

달라지고 있는 건 산업뿐만이 아니었습니다. 이제 '공자 말씀이 어떻고, 맹자 말씀이 어떻고'를 따지던 양반들의 시대는 저물어 가고 있었습니다. 대신 실제 생활에 도움이 되는 것들이 훨씬 더 중요하게 생각됐지요. 학문에서는 실학이 발달하고, 예술 역시 마찬가지였습니다. 김홍도나 신윤복의 **풍속화**그 시대의 풍물이나 사람들의 모습을 그린 그림처럼 서민들의 삶을 그린 예술 작품들이 많은 사랑을 받게 된 건 그 때문입니다.

두 차례의 전쟁 끝에 백성들은 양반에 대한 존경심을 잃었습니다. 수백 년 동안 뿌리를 내려오던 조선의 질서가 조금씩 허물어지고 있었던 것입니다.

1

2

5

4

3

김홍도와 신윤복은 조선의 대표
적인 민속화가이다. 김홍도는
농민, 상인 등 일하는 백성의 평
범한 삶을 주로 그렸으며, 신윤
복은 빨래하는 아낙, 목욕하는
여인 등 여성의 모습을 주로 남
겼다.

6

✿ 조선 시대 최고의 상인 임상옥

원래 조선 시대 상업은 나라의 엄격한 관리를 받는 시전**나라의 허가를 받은 가게** 상인들만 할 수 있었습니다. 하지만 조선 후기로 내려오며 나라의 허가 없이 '난전'이란 것을 통해 논을 버는 상인들도 나타났지요. 또 지역별로도 상업은 크게 발달했습니다. 부산-서울-의주를 이어 일본, 청나라와 무역을 하던 송상, 한강과 서해안 중심으로 곡식과 소금 등을 판매하던 경강 상인들은 대표적인 지역 상인들입니다. 이 과정에서 김만덕처럼 큰돈을 번 상인들도 나타났습니다.

임상옥(1779년~1855년)은 그런 장사치들 중 조선 시대 최고의 상인으로 꼽히는 인물이지요. 그는 청나라와의 인삼 무역으로 막대한 부를 쌓았습니다. 돈을 관리하는 사람만 70여 명에 이를 정도였다고 하니 그 규모를 짐작할 수 있을 것입니다. 하지만 임상옥은 돈을 버는 것보다 잘 쓰는 것을 더 중요하게 생각했던 사람이었습니다. 그래서 임상옥도 김만덕처럼 수많은 백성들을 구해 칭송이 자자했지요.

이 인삼으로 번 돈을 어려운 이들을 위해 써야겠구나!

◉ 천한 신분을 딛고 임금의 여의가 된 대장금

　몇 해 전 TV에서는 〈대장금〉이라는 드라마를 방영한 일이 있습니다. 이 드라마는 중국, 홍콩, 대만, 일본, 미국은 물론 중동에까지 수출되어 '드라마 한류'의 원조가 되기도 했지요. 이 드라마의 주인공 대장금은 의녀입니다. 관청의 여자 노비들에게 의술 교육을 시켜 부녀자를 치료하도록 한 게 바로 의녀였지요. 궁녀였던 대장금은 궁중의 여성들을 치료하던 의녀였습니다. 그런데 이들의 신분은 비천했습니다. 병을 고치다가도 잔치에 불려가 기생 노릇까지 해야 했으니까요. 대장금은 이런 처지를 딛고 일어나 조선 최고의 의녀로 발돋움했습니다. 타고난 재능과 노력을 바탕으로 임금의 병을 고치는 여의(女醫)**여자 주치의** 자리에까지 오른 것이지요. 〈대장금〉은 『조선왕조실록』에 기록된 그녀의 활약을 바탕으로 만들어진 드라마입니다. 신사임당, 허난설헌, 황진이, 김만덕, 대장금……. 남녀 차별이 심했던 조선 시대에도 자신의 불행을 딛고 역사의 보석이 된 여성들이 있습니다.

그때 세계는

워털루 전투가 벌어져 나폴레옹이 영국 중심의 연합군에게 패배함
1815년

영국에서 세계 최초의 철도가 개통
1825년

청나라에서 태평천국 운동 시작
1850년

영국에 의해 인도 무굴 제국이 멸망
1858년

미국의 링컨 대통령이 노예 해방 선언을 발표
1863년

1800년~1863년 | 조선의 멸망을 앞당긴 세도 정치

돈만 있으면 개도 벼슬자리에 오르는 세상

고요한 아침의 나라 조선.
그러나 19세기 조선은 백성들의 분노로 뜨거워지고 있었습니다.
점점 끓어오르는 용암처럼 말이지요.

세상에, 이렇게 어이없는 일이!?

"평양 용천 기생 초월이 병오년(1846년 현종 12년)에 임금님께 글을 올립니다."

15살짜리 소녀 기생 초월의 상소문임금에게 올리는 글은 이렇게 시작하고 있습니다. 그런데 이 상소문에는 놀랄 만한 내용이 담겨 있었지요. 그 무렵 조선 사회가 안고 있던 문제점들을 하나하나 짚어 내며 임금을 꾸짖고 있었기 때문입니다.

"돈을 받고 벼슬을 사고파는 일은 어느 임금 때도 없던 일입니다. 그런데 요즘 감사지금의 도지사 자리는 5만~6만 냥, 큰 고을의 사또는 6천~7천 냥이면 살 수 있다고 합니다. 세상에 어떻게 이런 일이 있을 수 있습니까?"

헉, 과거 시험은 폼으로 있는 건가요? 벼슬자리는 원래 가장 학식 높고 능력 많은 사람이 맡아야 하거늘……. 그런데 초월의 상소는 여기서 멈추지 않습니다. 이번에는 군정군대에 가지 않는 대신 베를 세금으로 내는 것의 문제점을 낱낱이 짚어 내고 있기 때문입니다.

"아직 어미 뱃속에 있는 핏덩이나 포대기에 쌓인 갓난아기, 심지어 무덤에 있는 백골에게까지 세금을 내게 하고 있습니다. 죽은 사람 이름까지 거짓 장부에 올려 세금을 걷어 가니, 백성들은 탐관오리들이 피와 기름을 빨아먹어도 이렇게까지 할 수 있느냐고 한숨지을 뿐입니다."

어허, 그래서 참다못한 초월이 죽음을 각오한 채 상소문을 올리고 있는 거로군요. 조선은 다시 일어설 수 없을 만큼 기울어 가고 있었나 봅니다. 그런데 나라를 이 꼴로 만든 중요한 원인이 있습니다. 정조의 죽음 뒤 시작된 60여 년간의 '세도 정치'가 바로 그것이었지요.

모든 일은 안동 김씨의 사랑방에서 결정된다!

'세도 정치' 란 원래 좋은 뜻으로 사용된 말입니다. 임금이 나이가 어리거나 제대로 일을 할 수 없을 때 누군가 대신 나랏일을 돌보는 것을 뜻했지요. '세도' 란 곧 '세상을 바르게 이끄는 진리' 란 뜻을 가진 말입니다. 하지만 순조(재위 1800년~1834년)가 12살의 나이로 임금이 된 뒤에는 모든 게 달라졌습니다. 진리는 고사하고 돈 많고 권력 있는 사람들이 모든 일을 주무르게 된 것입니다. '세도' 란 말이 '힘이 세다' 는 뜻으로 변하고 만 것이지요.

순조 임금 때 세도 정치를 펴 나간 건 누구였을까요? 그의 장인**아내의 아버지**인 김조순입니다. 김조순은 안동 김씨 집안의 사람이었지요. 이때부터 안동 김씨의 세상은 순조-헌종-철종 때까지 60여 년간 계속되었습니다. 헌종과 철종 역시 안동 김씨 집안의 딸을 왕비로 맞아들였기 때문입니다.

세도 정치 아래에서 임금은 허수아비와도 같았습니다. 모든 일이 안동 김씨 손에서 결정되고, 임금은 그들의 말에 벌벌 떨어야 하는 세상이었지요. 하늘 아래 두려울 것이 없었던 그들은 나라의 모든 질서를 허물어뜨렸습니다. 초월의 상소문에서 보듯, 돈을 받고 벼슬을 팔고 엉터리 세금으로 백성들의 등을 친 것입니다.

벼슬아치들은 마음껏 백성들의 피를 빨았습니다. 벼슬자리를 사느라 쓴 많은 돈을 뽑아내야 했기 때문입니다. 물론 이들은 본전만 뽑은 게 아니라 그보다 몇 배나 많은 재물을 뽑아냈습니다. 한마디로 수지맞는 장사였던 셈입니다. 이 때문에 벼슬을 사려는 사람은 언제나 흘러넘쳤습니다. 안동 김씨의 사랑방은 몰려드는 사람들 때문에 늘 북적댔지요.

우리 속담에 '돈만 있으면 개도 멍첨지' 라는 말이 있습니다. 이때 첨지란 정3품의 벼슬을 말하지요. 돈만 있으면 개도 멍멍이 첨지 노릇을 하며 대접받을 수 있다는 뜻입니다. 세도 정치가 계속되던 조선 사회는 이 속담에 딱 어울리는 세상이었지요. 문제는 이런 돈이 모두 백성들의 피와 땀으로부터 나온다는 것이었습니다. 썩은 벼슬아치들의 탐욕은 불쌍한 백성들의 삶을 지옥으로 몰아넣고 있었습니다. 그와 함께 조선 왕조의 마지막 순간도 서서히 모습을 드러내기 시작했습니다.

곳곳에서 일어난 백성들의 반란

누르는 힘이 강하면 통겨 버리는 힘도 강한 법. 더 이상 고통을 견딜 수 없었던 백성들은 손에 무기를 들었습니다. 반란군이 되어 썩어 빠진 조정과 탐관오리들에 맞서 싸운 것입니다. 세도 정치가 기승을 부리던 19세기 동안 민란 **백성들이 일으킨 반란**이 자주 일어난 것은 당연한 일이었습니다.

그중 가장 유명한 반란은 1811년(순조 11년)에 일어난 '홍경래의 난'입니다. 홍경래(1771년~1812년)는 평안도에 살던 가난한 양반이었지요. 학식이 많은 그는 세도 정치의 문제점을 누구보다 잘 알고 있었습니다. 그는 수많은 농민, 상인, 광부들을 모아 세도 정치에 반대하는 반란을 일으켰습니다. 하지만 힘이 부족했던 반란군은 관군에 의해 잔인하게 짓밟히고 말았지요.

홍경래의 반란이 처참한 실패로 끝난 뒤에도 백성들의 싸움은 멈추지 않았습니다. 백성들로서는 앉아서 죽으나 무기를 들고 싸우다 죽으나 마찬가지였기 때문입니다. 함경도, 경상도, 경기도, 전라도, 제주도…… 백성들의 함성은 때와 장소를 가리지 않고 우렁차게 울려 퍼졌습니다.

물론 무기가 부족하고 훈련받지 못한 그들은 관군의 상대가 될 수 없었습니다. 하지만 백성들은 더 이상 썩어 빠진 양반들의 노예로 살기를 원하지 않았습니다. 인간은 누구나 귀한 존재이며, 자신들이야말로 진정한 세상의 주인이라는 사실을 서서히 깨닫게 된 것입니다.

❀ 세도 정치의 시대는 '민란의 시대'이기도 했다

'민란(民亂)'은 '백성들이 일으킨 반란'이라는 뜻입니다. 가혹한 세금과 지방 관리들의 횡포에 견디다 못한 백성들은 무기를 들고 싸우다가 죽는 길을 선택했지요. 세도 정치 아래에서 자주 일어난 민란은 조선의 멸망을 더욱 앞당기게 되었습니다. 이 무렵 일어난 대표적인 민란은 다음과 같습니다. ❀ 홍경래의 난(1811년) ❀ 함경도 농민 전쟁(1811년) ❀ 경기도 쌀 폭동(1833년) ❀ 진주 민란(1862년) ❀ 개령 민란(1862년) ❀ 임술 민란(1862년) ❀ 제주 민란(1863년) ❀ 고부 민란(1864년). 이들 사건 말고도 18세기에는 수백여 차례나 민란이 발생했습니다. 그래서 역사학자들은 19세기를 민란의 시대라고도 부르고 있지요.

❀ 가혹한 세금에 분노해 자신의 생식기를 자른 백성

실학자 정약용 선생이 전라남도 강진에서 귀양살이를 할 때였습니다. 그는 이곳에서 참으로 기가 막힌 광경을 보게 됐습니다. 한 여인이 피가 뚝뚝 떨어지는 남편의 생식기를 들고 울부짖는 모습을 본 것입니다. 그녀의 남편이 스스로 생식기를 자른 것은 가혹한 세금 때문이었습니다. 자신은 물론 죽은 아버지와 갓난 아들마저 군적**군대에 갈 사람을 적은 기록**에 오르자, 모든 죄는 아들을 낳게 한 생식기에 있다며 그것을 잘랐던 것이지요. 정약용은 이 슬픈 사건을 『애절양』이라는 시에 담았습니다. 세도 정치 아래에서 백성들이 얼마나 큰 고통을 겪고 있었는지를 잘 나타내는 일이었지요.

◉ 얼떨결에 임금이 된 강화 도령 철종

조선 제25대 왕 철종(재위 1849년~1863년)은 헌종이 아들 없이 죽자 19세의 나이로 임금이 되었습니다. 철종은 원래 정조의 동생인 은언군의 손자였습니다. 당시 영조의 후손으로는 헌종과 철종 밖에 남지 않았기 때문에 그는 왕이 될 수 있었지요. 하지만 이것은 안동 김씨 세력의 계획에 따른 것이기도 했습니다. 당쟁에 휘말려 어린 나이에 강화도로 쫓겨났던 철종은 그들의 입맛에 맞는 인물이었습니다. '강화 도령'이라는 별명으로 불리던 더벅머리 총각 철종은 글자조차 깨우치지 못한 까막눈이었기 때문입니다. 얼떨결에 왕이 된 철종은 세도 정치 아래에서 괴로운 왕 노릇을 해야 했습니다. 그 때문인지 34세라는 이른 나이로 눈을 감고 말았지요.

그때
세계는

영국에서
청교도 혁명이 일어남

프랑스의 태양왕
루이 14세,
왕위에 오르다

영국에서
명예혁명이 발생

1642년   1643년   1688년

17세기~19세기 | 실학의 등장과 사회를 바꾸기 위한 노력

조선의 양반들이 실학을 인정하지 않은 이유는?

조선의 백성들 사이에 한 권의 책이 숨어 있습니다.
그 책에는 온 나라를 뒤엎을 혁명의 씨앗이 잠자고 있었지요.
양반들이 위험한 책이라 부르며 없애려던 그 책, 지금은 어디에 있을까요?

비밀의 책을 찾아라!

때는 20세기를 코앞에 둔 19세기의 끝 무렵. 동학 농민 전쟁이라 불리는 큰 난리가 막을 내린 지 얼마 되지 않아서였습니다. 어느 날 전라남도 강진에 한 무리의 병사들이 들이닥쳤습니다. 이들은 다산초당이라 불리던 작은 기와집을 비롯하여 인근의 백성들 집, 심지어 근처에 있던 절들까지 이 잡듯 뒤지기 시작했습니다. 조용하던 강진 땅을 발칵 뒤집어 놓은 것이지요.

이들이 한바탕 소란을 일으키며 찾던 것은 무엇이었을까요? 바로 『경세유표』라고 불리는 책이었습니다. 이 책은 70여 년 전 이곳에서 귀양살이 하던 정약용이라는 학자가 지은 것이었지요. 그러나 오랜 수색에도 불구하고 책은 끝내 발견되지 않았습니다. 병사들은 분통을 터뜨렸지만 어쩔 수 없었지요. 그리고 이 책은 병사들이 되돌아간 뒤에도 끝내 모습을 드러내지 않았습니다. 그때는 물론 지금까지도, 어쩌면 앞으로도 영원히 찾을 수 없는 '미스터리 속의 책'으로 남게 된 것이지요.

그렇다면 정말 궁금해집니다. 도대체 이 책이 뭐 어쨌다고 그 난리가 벌어진 것일까요? 해적의 보물을 알려주는 비밀 지도에 관한 이야기라도 쓰여 있었을까요? 그렇지는 않습니다. 병사들이 찾던 『경세유표』 속에는 조선 사회를 바꿀 충격적인 내용이 담겨 있었다고 알려져 있었으니까요. 더불어 이 사건 속에는 '실학'이라는 학문과 그것의 좌절된 꿈에 대한 안타까움이 짙게 묻어 있었습니다.

성리학은 도대체 누구를 위한 학문일까?

열매 실(實)에 학문 학(學). 실학은 이름 그대로 곡식의 열매처럼 백성의 실제 생활에 도움을 주는 학문을 말하는 것이었습니다. 이 새로운 학문은

17세기 초 임진왜란이 끝난 뒤 처음으로 모습을 드러냈지요. 이수광이라는 학자가 지금의 백과사전과 비슷한 『지봉유설』이란 책을 펴내면서부터였습니다. 그 뒤 실학은 병자호란이 끝난 뒤인 17세기 말부터 더욱 큰 발전을 이루게 되었지요.

이처럼 실학이 두 차례의 큰 전쟁 뒤에 나타난 것은 왜일까요? 김만덕에 관한 이야기에서도 나오듯, 이 무렵 조선에 엄청난 변화가 밀려왔기 때문입니다. 신분 제도를 비롯한 조선의 질서는 허물어지고 모든 면에서 새로운 기운이 꿈틀거리고 있었지요.

세상이 이렇게 바뀌는 데도 여전히 변하지 않는 것은 있었습니다. 수백 년간 조선을 이끌어 온 성리학이었습니다. 대부분 성리학자였던 양반들은 전쟁을 막지도 못했고, 이기지도 못했습니다. 지옥에 빠진 백성의 삶을 구하지도 못했지요. 그럼에도 세상의 변화에 눈을 감고 여전히 주자**성리학을 만든 중국의 학자**의 말만을 신주 단지 모시듯 할 뿐이었습니다.

실학은 이런 상황을 반성하며 출발한 유학의 한 갈래였지요. 실학자들은 '도덕이 바로 서야 백성도 편안해질 수 있다'는 성리학의 주장을 반대했습니다. 오히려 백성의 삶이 건강하고 풍요로워야 도덕도 바로 설 수 있다는 것이 이들의 생각이었지요.

이런 실학자들이 성리학의 공허한 주장을 비판한 것은 당연했습니다. 그 대신 이들은 백성의 실제 생활에 도움이 될 만한 일들에 모든 관심을 쏟았지요. 농사짓는 데 필요한 기구를 발전시키고, 수레와 배·화폐 등을 이용해 백성의 생활을 윤택하게 만들자는 생각. 그와 함께 중국에서 들여온 서양 문물을 이용하여 과학 기술을 발전시키자는 생각은 이들의 대표적인 주장이었습니다. 또 이들은 노비 제도를 비롯한 조선의 신분 제도와 토지 제도, 과거 제도 등 조선의 모든 것을 바꾸자는 주장도 함께 펴 나갔습니다.

한마디로 조선이라는 나라를 확 뜯어고쳐야 한다는 게 이들의 생각이었지요. 만약 실학자들의 주장이 이뤄졌다면 조선은 전혀 다른 나라로 거듭났을지도 모를 일이었습니다.

열매 맺지 못한 실학의 꿈

하지만 아쉽게도 실학의 꿈은 실패로 돌아가고 말았습니다. 생각은 훌륭했지만 이들의 주장이 현실 속에서 이뤄진 건 거의 없었기 때문입니다.

여기에는 몇 가지 이유가 있습니다. 우선 실학자들은 당쟁이나 그 밖의 사정으로 조정에서 밀려난 사람들이 많았습니다. 아무리 좋은 주장을 펼쳐도 나라의 정책으로 받아들여질 수 없었던 것이지요. 게다가 조정의 대신들과 양반들은 이들을 크게 미워했습니다. 실학자들의 주장대로 나라를 바꾸면 지금 그들이 쥐고 있는 벼슬도, 재물도 다 내놓을 수밖에 없다고 생각했기 때문입니다. 그래서 이들은 실학자들을 내쫓거나 벼슬을 주더라도 보잘것없는 자리만을 내주곤 했지요. 한마디로 실학은 자신의 주장을 펼칠 기회 자체를 얻기가 힘들었던 것입니다.

다산 정약용 선생도 그렇게 내쫓긴 실학자들 중 한 사람이었습니다. 정조의 큰 사랑을 받던 그는 임금이 죽자 조정에서 내쫓겼습니다. 권력을 손에 쥔 노론의 미움을 사 18년 동안이나 강진에서 귀양살이를 했던 것이지요.

하지만 그는 좌절하지 않았습니다. 오히려 그 시간을 자신의 학문을 위해 바쳤지요. '복사뼈에 세 번이나 구멍이 뚫렸다'고 할 만큼 실학의 완성을 위해 모든 노력을 다한 것입니다. 그 결과 그는 500권이 넘는 어마어마한 분량의 책을 펴내게 되었지요. 『경세유표』 역시 그 가운데 하나였습니다.

하지만 병사들이 찾던 책은 세상에 알려진 그 『경세유표』가 아니었습니다. 그들이 찾는 것은 정약용이 비밀리에 지은 또 하나의 『경세유표』였기 때문입니다. 귀양살이가 끝날 무렵, 정약용은 이 책을 친구인 초의 스님과 제자 이청에게 전했습니다. 조선을 바꿔 나갈 미래의 사람들을 위해 그 방법을 알리려 했던 것이지요. 이렇게 하여 또 하나의 『경세유표』는 70여 년을 어둠 속에 떠돌았습니다. 그러다가 동학 농민군의 지도자 전봉준과 김개남 장군의 손에 들어가게 되었지요. 『경세유표』가 위대한 농민들의 반란에 불씨 역할을 한 것입니다.

이 소문이 전해지자 조정은 발칵 뒤집혔습니다. 책을 찾아내 없애지 않으면 또 다른 반란의 불씨가 될 거라고 생각한 것이지요. 부랴부랴 책을 없애라는 명령을 내린 것은 그 때문이었습니다. 그러나 책의 자취는 그 안에 쓰인 내용과 함께 영원한 미궁 속으로 빠져들고 말았지요.

동학 농민군의 패배와 함께 실학의 마지막 꿈도 그렇듯 막을 내리고 말았습니다. 17세기에 시작되어 18세기에 찬란한 꽃을 피웠지만 19세기 들어 빠르게 힘을 잃고 만 실학. 그 자신의 이름과 달리 실학의 꿈은 아쉽게도 열매 맺지 못했던 것입니다.

『경세유표』란 어떤 책이었을까?

『경세유표』는 정약용이 귀양살이하던 1808년부터 1817년까지 10년 동안 썼던 책입니다. 원래 44권이 넘는 많은 분량의 책이지요. 정약용은 이 책을 통해 정치 제도, 토지 제도 등 나라의 제도들을 어떻게 고칠 것인지를 알리고 있습니다. '경세유표'란 제목은 '나라를 다스리는 일에 관해 죽어서 임금께 올리는 글'이라는 뜻이지요.

사라진 『경세유표』에 관한 이야기는 북한의 학자 최익한이 밝혀낸 것입니다. 실학을 연구하던 그는 『강진읍지』라는 책에 실린 내용을 바탕으로 이 사실을 얘기했지요. 물론 이것이 정확한 역사적 사실로 인정받기 위해서는 더 많은 연구가 필요합니다. 아마도 좌절한 실학의 꿈에 대한 안타까움이 이 전설 같은 이야기의 밑바탕이 됐는지도 모를 일입니다.

실학의 여러 갈래들

실학자들이 다양한 만큼 이들의 주장도 각각 달랐습니다. 하지만 크게 보아 농업을 통해 나라를 바꿔보자는 생각과 상공업을 발달시켜 나라를 개혁낡은 것을 새롭게 고친다는 뜻하자는 생각으로 나눌 수 있습니다. 농업을 중요하게 생각했던 학자들로는 유형원, 이익, 정약용 등을 들 수 있습니다. 또 상공업을 중심으로 해야 한다는 학자들로는 유수원, 박지원, 박제가, 홍대용 등을 들 수 있지요. 이들은 19세기 말에 나라의 문을 열고 서양 문물을 적극적으로 받아들이자는 개화사상에 큰 영향을 미치기도 했습니다.

이밖에도 실학의 영향을 받아 우리 것을 제대로 알자는 움직임도 일어났습니다. 역사학에서는 우리 민족의 입장에서 역사를 정리한 안정복, 유득공 등의 활약이 펼쳐졌지요. 또 지리에서는 『대동여지도』의 김정호, 『택리지』를 펴낸 이중환, 과학에서는 지동설지구가 태양 주위를 돈다는 학설을 주장한 김석문, 홍대용 등이 뛰어난 업적을 남겼습니다. 또 의학에서는 이제마, 생물학에서는 흑산도의 바다 생물을 관찰하고 『자산어보』라는 책을 펴낸 정약전이 있지요. 한마디로 실학은 조선의 정치, 경제, 사회뿐만 아니라 역사, 지리, 과학, 수학, 문학예술 등 모든 면에 영향을 끼친 학문이었습니다.

● 『택리지』
실학자 이중환이 쓴 우리나라의 지리책이다. '땅'을 중심으로 각 지역의 역사, 문화, 경제 등을 다루고 있다.

국립중앙박물관

● 대동여지도
조선 전국의 땅을 모두 기록한 이 지도는 김정호가 22권의 책 형태로 제작하였다. 이 22권의 책을 모두 펼쳐 이어놓는다면 세로 약 6.7미터, 가로 약 3.8미터 크기의 커다란 지도가 된다.

◈ '조선의 르네상스'를 열어 간 실학의 천재들

　조선 시대 최고의 천재로 알려진 세종 대왕과 정조 대왕. 하지만 정약용 역시 이들 못지않은 천재였습니다. 그는 학자로서 뿐만 아니라 유네스코 세계 문화 유산으로 선정된 수원 화성을 지은 건축가로도 이름을 날렸지요. 중국에서 전해진 『기기도설』이라는 책 한 권을 바탕으로 거중기라는 기계를 만들어 성을 지은 것입니다. 그의 뛰어난 능력을 알 수 있는 예입니다. 이밖에도 실학의 천재들은 많았습니다. 한국의 셰익스피어로 알려진 연암 박지원, '추사체'라는 글씨로도 유명한 김정희, 뛰어난 과학자로서 외계인의 존재까지 예측했던 홍대용……. 서양에서는 '암흑시대'라고도 불렸던 중세가 끝난 뒤 인간의 자유가 살아 숨 쉬던 '르네상스 시대'가 열렸다고 합니다. 실학의 천재들이 열어 간 시대 역시 '조선의 르네상스'라 불릴 만했지요.

그때
세계는

제1차 인클로저 운동	제2차 인클로저 운동	영국의 와트에 의해 증기 기관 발명	유럽과 아시아를 연결하는 수에즈 운하 개통
15세기~16세기	18세기~19세기	1769년	1869년

⬤ 17세기~19세기 │ 서양 문물과 서학의 전래

서학을 받아들이지 못한 것이 일본에 뒤진 가장 큰 이유라고?

조선은 나라의 문을 꽁꽁 걸어 잠갔지만,
문틈으로 불어오는 서양 문명의 바람까지 막을 수는 없었습니다.
서양의 종교인 천주교를 믿는 선비님까지 등장했다니,
우리가 알던 조선의 모습과는 다르지요?

가깝고도 먼 이웃 나라 일본. 그들은 언제부터 우리보다 강한 나라가 됐을까요? 여러분도 한번쯤 그런 궁금증을 가져 본 일이 있나요?

역사적으로 일본은 우리 선조들로부터 야만인, 오랑캐 등으로 조롱받던 나라였습니다. 그런데 19세기 말에는 깜짝 놀랄 일이 벌어졌지요. 일본이 조선과는 비교할 수도 없는 강대국이 되어 나타난 것입니다. 이들은 결국 우리나라를 식민지로 만들어 35년이나 지배했지요. 또 지금까지도 세계에서 2~3번째를 다투는 부강함을 자랑하고 있기도 합니다. 일본은 대체 무슨 마법을 부린 것일까요?

그런데 역사가들의 말에 따르면 여기에는 한 가지 큰 이유가 있다고 합니다. 앞서 있던 조선이 뒤로 처지고 일본이 저만치 앞질러 가게 된 속사정이 역사 속에 숨어 있다는 것이지요. 그 역사의 비밀은 대체 무엇일까요?

멋이? 유교의 나라 조선에서 조상의 제사를 지내지 않겠다고?

1791년 충청남도 진산 **지금의 금산 지역**에서 괴상한 사건 하나가 벌어졌습니다. 이곳에 살던 윤지충이라는 선비가 돌아가신 어머니의 제사를 지내지 않았던 것입니다. 그런데 일은 거기서 끝나지 않았습니다. 윤 선비와 외사촌 간이던 권상연이라는 선비도 그를 본받아 돌아가신 고모 **윤지충의 어머니**의 제사를 지내지 않은 것입니다. 뿐만 아니라 두 선비는 돌아가신 분의 신주 단지를 불살라 버리기까지 했지요. 신주란 돌아가신 조상의 이름을 새겨 사당에 모셔 놓는 나무판을 말합니다. '신주 단지 모시듯 한다'는 속담이 생길 정도로 우리 조상들에게는 목숨처럼 소중하게 여겨지던 물건이었지요. 그런 물건을 불살라 버렸으니 정말 '엽기적인' 일이 아닐 수 없

없습니다.

사건에 대한 소문이 널리 퍼지자 진산은 물론 한양의 조정까지 발칵 뒤집혔습니다. 당연했지요. 충과 효를 세상 으뜸으로 아는 유교의 나라 조선에서 있을 수 없는 일이었으니까요. 결국 두 선비는 관아에 잡혀 처형당하고 말았습니다.

그냥 백성도 아니고 어엿한 양반님네들이 무슨 생각으로 그런 짓을 저지른 것인지……. 미친 거 아니냐고 수군대는 사람들의 목소리가 들리는 것 같다고요? 그런데, 맞습니다. 이들은 목숨처럼 지키던 전통을 내버릴 수 있을 만큼 무엇엔가 단단히 미쳐 있었기 때문입니다. 그 '무엇'이란 무엇이었을까요? 바로 서학입니다. 윤지충과 권상연은 그 무렵 조선에 들어와 있던 서학을 믿던 '서학쟁이'들이었던 것입니다.

씽씽~ 서쪽에서 바람이 불어온다!

서학(西學)이란 '서쪽의 학문', 곧 '서양에서 건너온 학문 또는 가르침'을 뜻합니다. 이 무렵에는 서양 국가들이 무역과 식민지 개척을 위해 동양으로 밀려들고 있었지요. 이 과정에서 중국에도 다양한 서양 문물들이 물밀듯 쏟아져 들어왔습니다.

천주교 역시 마찬가지였습니다. 수많은 천주교 선교사들이 이 기회에 하느님에 대한 믿음을 동양에까지 퍼뜨리려 했지요. 이들은 천문학, 수학, 지리학 등 서양의 발달한 학문과 과학 기술을 가지고 동양으로 향했습니다. 천주교에 대한 거부감을 없애기 위해 이런 문물을 이용하려 한 것이지요. 서학이란 바로 이들 천주교와 서양의 학문, 기술 등을 통틀어 가리키는 이름이었습니다. 물론 좁게는 천주교 하나만을 나타내는 말로 사용되기도 했지요.

서쪽으로부터 불어온 바람은 조선이라고 비켜가지 않았습니다. 중국에 사신으로 다녀온 사람들에 의해 조금씩 서학이 소개되었던 것입니다. 처음에 서학은 그저 신기한 볼거리 정도로 대접받았습니다. 하지만 18세기 들어서는 상황이 확 바뀌었지요. 실학자들을 중심으로 서학이 조선의 발전을 위해 꼭 필요한 것으로 여겨진 것입니다. 이들은 나라의 발전을 위해 서양의 앞선 학문과 제도, 기술 등을 적극적으로 받아들여야 한다고 주장했습니다.

그런데 이들 중에서는 그런 주장만으로는 만족하지 못하는 사람들도 있었습니다. 서학을 학문이 아니라 종교로서 받아들이는 사람들이 나타난 것이지요. 이벽, 이승훈, 이가환, 그리고 정약용 선생과 그 형제인 정약전, 정약종 등이 대표적인 인물이었습니다. 물론 윤지충과 권상연도 그런 사람들 가운데 하나였지요.

천주교는 곧 양반뿐 아니라 부녀자, 농민, 상인, 노비 등 일반 백성들 사이에도 빠르게 퍼져 나갔습니다. 하느님을 믿으면 구원받을 수 있다는 생각, 또 하느님 앞에서 인간은 모두 평등하다는 주장이 이들의 마음에 큰 위로와 용기를 주었기 때문입니다.

진산 사건은 바로 이런 과정에서 생겨났지요. 하느님에 대한 믿음이 깊어지자 유교가 아니라 천주교를 위해 목숨을 바치려는 놀라운 일이 벌어진 것입니다.

역사의 발전을 가로막은 두 개의 실수

조정의 대신들을 비롯한 양반들은 '서학쟁이'들을 처벌하라며 아우성을

쳤습니다. 천주교 신자들이 도덕을 무너뜨리고 나라를 서양에 팔아먹으려한다는 것이었지요. 천주교를 너그럽게 대하던 정조가 죽자 조정은 천주교신자들을 거리낌 없이 잡아들이고 처형했습니다.

안타까운 것은 조선의 이런 상황에 대한 천주교의 태도였습니다. 제사문제를 둘러싸고 천주교 신자들이 큰 고통을 당하고 있는데도 이를 외면하고 방치했던 것이지요. 이들은 1715년 로마 교황 클레멘스 11세가 "동양의조상 숭배는 우상 숭배다"라고 말한 이후 제사를 엄격하게 금지할 뿐이었지요. 심지어 조선에 들어온 베르뇌 주교는 제사상에 오른 음식을 먹는 것마저 큰 죄가 된다고 얘기할 정도였습니다.

이것은 우리의 역사를 바꾼 큰 실수였습니다. 이제 조선에서는 조상도몰라보는 서양의 문물은 금수 **짐승**만도 못한 것이 돼 버렸으니까요. 조선은근대적인 발전을 위해 서양의 앞선 문물이 꼭 필요했던 나라였습니다. 결국 이것을 받아들일 길이 막힌 조선은 세계의 후진국으로 떨어질 운명밖에

남은 것이 없었지요. 천주교는 20세기에 들어와서야 조상을 모시는 일이 아무 문제가 되지 않는다는 결정을 내렸습니다. 만약 이 결정이 조금만 일찍 내려졌다면 우리 역사는 지금과는 크게 달라졌을지도 모릅니다.

그런데 조선 역시 실수를 저지르기는 마찬가지였습니다. 천주교는 금지하더라도 나라를 위해 필요한 서양 문물 전체를 반대할 필요는 없었으니까요. 하지만 조선은 나라의 문을 꽁꽁 걸어 잠그고 서양 문물이라면 한사코 고개를 흔들었지요.

조선의 이런 모습과 비교되는 것이 바로 일본이었습니다. 그들 역시 16세기부터 밀려드는 서양 문물로 골머리를 앓았지요. 조선보다도 훨씬 더 잔인하게 천주교를 억누르기도 했습니다. 하지만 일본은 서양 종교를 반대하면서도 자신들에게 필요한 문물만은 적극적으로 받아들였습니다. 일본이 세계의 열강이 된 것은 결국 이렇게 받아들인 서양 문물을 바탕으로 한 것이었지요. 한국과 일본의 차이를 만들어 낸 역사의 비밀은 바로 그것이었습니다. 보다 열린 마음으로 바깥세상을 대하지 못한 우리에게는 식민지라는 비극의 싹이 틀 수밖에 없었고요.

❂ 천주교를 믿는 것이 죽을 죄였다?

　윤지충 사건으로 시작된 천주교 박해**억누르고 괴롭혀 해를 끼침**는 그 뒤로 더욱 심해져갔습니다. 천주교에서는 대표적인 박해 사건으로 다음과 같은 네 가시를 들고 있지요. 먼저 1801년 일어닌 신유박해. 이때는 서울에서만 약 300명의 신자들이 처형당했지요. 중국인 신부 주문모와 정약용 선생의 형인 정약종이 목숨을 잃은 것도 이 사건 때문입니다. 1839년 3월~10월 사이에는 기해박해가 일어났습니다. 이때 앵베르 주교와 모방, 샤스탕 두 신부를 비롯하여 70여 명이 넘는 신자들이 죽었지요. 1846년에는 병오박해가 일어나 최초의 한국인 신부인 김대건을 비롯하여 9명이 처형당했습니다. 가장 심한 박해는 1866년에 일어나 1873년까지 계속된 병인박해입니다. 이 박해는 베르뇌 주교를 비롯하여 8천 명~1만여 명의 목숨을 빼앗았을 정도로 참혹했습니다.

● 김대건(1822년~1846년)
한국 최초의 천주교 신부이다.

● 기해일기
기해박해 때 죽은 천주교 신자 중 78명의
이야기를 모아 담은 전기이다.

✿ 그렇다면 개신교가 맨 처음 조선에 들어온 것은 언제였을까?

기독교에는 천주교, 개신교, 그리스 정교, 성공회 등 여러 갈래가 있습니다. 우리나라에서 가장 활발하게 활동하고 신자들도 많은 종교는 바로 개신교이지요. 우리가 보통 '교회에 다닌다'고 하면 바로 개신교를 믿는다는 뜻이 됩니다. 그렇다면 개신교가 우리나라에 처음 등장한 것은 언제일까요? 1884년 9월, 의사이자 선교사였던 알렌 박사가 조선에 들어온 것이 최초입니다. 그는 광혜원이라는 최초의 서양식 병원을 세운 것으로도 유명하지요. 또 1885년에는 언더우드와 아펜젤러가 들어옴으로써 본격적인 개신교 선교가 시작되었습니다. 언더우드 박사는 연세대학교의 설립자로도 알려져 있습니다.

✿ 일본은 어떻게 서양 문물을 받아들였을까?

일본이 서양과 처음 만난 것은 1543년이었습니다. 포르투갈의 장삿배가 다네가시마에 들어온 것이었지요. 그 뒤 서양 문물이 밀려들자 일본을 다스리던 막부의 지도자들도 엄격한 쇄국 정책**나라의 문을 닫고 외국의 문물을 받아들이지 않기로 하는 정책**을 펼쳐 나갔습니다. 하지만 이런 상황에서도 17세기 초에는 네덜란드**일본에서는 '오란다'라는 이름으로 불림**와 활발한 교류를 시작했습니다. 오란다 상관**네덜란드 및 서양과의 무역을 담당하던 곳**을 열어 적극적으로 서양 문물을 받아들였던 것이지요. 처음에는 주로 발달한 네덜란드의 의학을 받아들이다가 나중에는 천문, 지리, 화학, 역사, 군사, 항해, 정치, 경제 등 서양 문물 전체로 관심을 넓혀 갔습니다. 그리하여 19세기에는 조선과는 비교할 수 없을 만큼 높은 지식과 과학 기술을 자랑하게 되었지요.

프랑스,
알제리를 침략

영국의 빅토리아
여왕이 인도 황제를
겸함

뉴질랜드에서
여성의 참정권이 인정

제1회
올림픽 대회 개최

1827년   1877년   1893년   1896년

○ 19세기 | 동학의 등장과 발전

동학, 역사의 주인공으로 나설 준비를 하다

시대의 변화에 따라 바뀌어 가는 조선.
조선의 백성들도 가만히 멈춰 있지는 않았습니다.
시대에 맞춰 역사의 주인공으로 나서는 백성들의 모습을 살펴볼까요?

청년 김구를 감동시킨 존댓말

1893년, 독립운동가 백범 김구 선생이 열여덟 살 때의 일입니다. 하루는 백범이 옆 마을에 사는 최도명이라는 사람을 찾아갔습니다. 책을 읽고 있던 젊은 양반 최도명은 그를 반갑게 맞아 주었지요.

"도령은 어디서 오셨소?"

이 소리를 들은 백범은 깜짝 놀랐습니다. 그는 어쩔 줄 몰라 하며 말했지요.

"양반도 아니고 나이까지 어린 저한테 왜 존댓말을 쓰시는지요?"

그러자 최도명은 입가에 미소를 띠며 이렇게 대답했습니다.

"나는 다른 사람과 달라서 가난한 사람과 부자, 양반과 백성을 똑같은 사람으로 여깁니다. 조금도 미안해하지 마시고 찾아온 이유나 말씀하십시오."

이 말을 들은 백범의 마음은 깊은 감동으로 일렁였습니다. 상놈이라며 받아온 그간의 멸시와 설움이 한순간에 씻겨 나가는 듯했기 때문입니다. 생각해 보면 참 이상한 일이었습니다. 양반의 나라 조선에서 상놈에게 존댓말을 쓰는 양반이라니……. 게다가 아직 여드름 자국도 마르지 않은 떠꺼머리 총각에게…….

김구 선생이 최도명을 찾아간 것은 '동학'이 무엇인지에 대해 알기 위해서였습니다. 그는 동학이라는 종교를 믿으며 그 주장을 널리 퍼뜨리고 있던 사람이었기 때문입니다. 그렇다면 동학이라는 것은 무엇이었을까요? '나는 다른 사람과 다르다'는 최도명의 말 속에는 동학의 어떤 비밀이 숨어 있는 것일까요?

"사람이 곧 한울님(하느님)이다!"

김구 선생이 알고 싶어 한 새로운 종교. 그것에 '동학'이라는 이름이 붙은 것은 서학과는 정반대의 이유에서였습니다. '동쪽에서 일어난 큰 가르침'을 뜻하고 있었으니까요.

동학을 일으킨 사람은 수운 최제우(1824년~1864년)입니다. 그는 양반의 핏줄을 타고 났지만, 늙은 아버지와 젊은 어머니 사이에서 태어난 서자였습니다. 집안도 몹시 가난했습니다. 젊어서부터 곳곳을 방랑하며 숱한 고생을 하기도 했지요. 그러나 이 모든 경험을 통해 그는 큰사람으로 자라나게 되었습니다. 나라의 잘못을 바로잡고 고통 받는 백성을 구하겠다는 뜨거운 마음을 품게 된 것입니다.

오랜 방랑을 끝내고 고향 경주에 돌아와 있던 어느 날. 최제우는 신비한 경험을 하게 됐습니다. 정신이 아득해지며 몸을 가누지 못하는 상태에서 '한울님하느님'의 목소리를 들은 것이지요. 이때 최제우는 사람과 세상을 구할 수 있는 하늘의 가르침을 받게 되었습니다.

"사람이 곧 한울하늘이다!"

그가 받은 가르침은 바로 그것이었습니다. 모든 사람 하나하나가 한울님을 몸속에 모시고 있는 귀한 존재라는 것! 그러니 누구 하나 천하고 못난 사람이 없다는 것이었지요.

동학의 이런 생각은 수많은 백성들의 마음을 사로잡을 수밖에 없었습니다. 조선의 엄격한 신분 제도 아래서 이들이 겪어온 고통은 말로는 표현할 수 없는 것이었습니다. 그러나 동학에 따르면 이 모든 것은 바뀌어야 했습니다. 양반이라서, 부자라서 귀한 게 아니라 모두가 하늘같은 존재여서 귀할 뿐이었으니까요. 결국 모든 인간은 신분과 직업 등을 떠나 저 바다의 수평선처럼 똑같이 평등하다는 것입니다. 이것이야말로 동학이 불길처럼 퍼져 나간 가장 큰 이유의 하나였지요. 최도명의 말 속에는 모든 인간의 평등함을 인정하고 그것을 위해 싸우려는 동학의 생각이 녹아 있었던 것입니다.

언뜻 보면 동학의 이런 주장은 서학과도 비슷해 보입니다. 서학 역시 하느님 아래 모든 인간은 평등하다고 말하니까요. 최제우 역시 유교, 불교, 도교는 물론 천주교의 이런 장점까지 받아들여 동학을 세운 것이었습니다.

그렇다면 그는 왜 굳이 서학에 반대되는 동학이란 이름을 사용했을까요? 바로 그 무렵의 상황 때문이었습니다. 중국에서는 서양 군대가 쳐들어와 황제가 피난을 떠나는 일까지 생겼습니다. 조선의 바닷가에도 서양 배들이 나타나고 안으로는 제사 문제를 둘러싸고 천주교가 나라 전체를 시끄럽게 만들고 있었습니다. 백성들은 서양의 침략을 두려워하며 조선이 그들과 같은 '금수의 나라'로 바뀔지 모른다고 걱정하고 있었습니다.

최제우는 이런 상황에서 조선에 필요한 건 따로 있다고 생각했습니다. 조선의 전통을 지키면서도 백성을 새로운 길로 이끌 수 있는 힘이 필요하다는 것이었지요. 밖으로는 서양 세력에 맞서 나라를 지키고, 안으로는 백성을 구할 수 있는 힘! 그 힘에 동학이란 이름이 붙는 것은 자연스러운 일이었습니다. 동쪽 나라에는 동쪽 나라에 어울리는 가르침이 따로 있다는 뜻이었으니까요.

백성들은 동학에 열광했습니다. 최제우가 동학을 알린 지 오래 되지 않아 많은 백성들이 그를 따랐지요. 최제우의 고향인 경주에서는 밤마다 1천여 명의 신도들이 외우는 주문 소리로 동네방네가 떠들썩하게 울릴 정도였습니다. 이 기도 소리는 곧 삼남**충청, 경상, 전라** 지방으로까지 빠르게 퍼져 나갔습니다.

역사의 중심에 선 동학

　양반들은 서학과 마찬가지로 동학 역시 크게 미워했습니다. 사람이 모두 평등하다거나, 나라의 문제점을 고치자는 주장을 받아들일 수 없었기 때문입니다.

　결국 조정은 동학을 억누르기 시작했습니다. 서학이 이름만 바꿔 나라를 망치고 있다는 것이었습니다. 1863년, 마침내 칼을 빼든 조정은 최제우와 23명의 제자를 체포했습니다. 그리고 이듬해인 1864년 1월 그를 처형하고 말았지요. 최제우는 '이제 동학의 시대가 열릴 것이다'라는 말을 남긴 채 담담히 죽음을 맞이했습니다. 동학을 세운 지 겨우 3년 만에 맞이한 안타까운 죽음이었지요.

최제우가 죽은 뒤 동학은 한동안 어려운 길을 걸을 수밖에 없었습니다. 남은 지도자들은 관아의 눈을 피해 숨어 다니고 신도들 역시 큰 두려움에 떨었습니다. 하지만 동학은 끝내 스러지지 않았습니다. 최제우의 조카인 최시형을 새로운 지도자로 세운 뒤 오히려 더욱 힘을 길러 나갔기 때문입니다. 이렇게 하여 동학은 백범 선생이 들어갈 무렵에는 수만 명의 신도들을 거느린 큰 세력으로 발돋움하게 되었습니다.

이후 역사에서 보듯 동학은 부패한 조정, 조선을 침략하던 외세와 한판 대결을 벌이게 되었습니다. 그 대결은 '동학 농민 운동'이라는 위대한 이름으로 불리게 될 것이었지요. 최제우라는 한 방랑자로부터 시작된 종교가 조선을 이끄는 역사의 주인공으로 나서고 있었던 것입니다.

❀ 최제우의 원한을 풀기 위해 나선 동학 교도들

　제2대 교주 최시형의 노력으로 간신히 되살아난 동학은 1870년대부터 한 가지 운동을 벌이게 되었습니다. '교조 신원 운동'이 바로 그것이었지요. '교조'란 '어떤 종교를 처음 세운 사람'을 말합니다. '신원'이란 원한을 풀어준다는 뜻이고요. 즉 서학쟁이로 몰려 억울하게 죽은 최제우의 한을 풀고 종교의 자유를 되찾겠다는 것이 이 운동의 목표였습니다. 이 운동은 1871년부터 1893년까지 네 차례에 걸쳐 끈질기게 벌어졌습니다. 아래로는 지방의 벼슬아치와 위로는 고종에게까지 상소를 올려 억울한 사정을 호소했지요. 하지만 이들의 상소는 번번이 무시당하기 일쑤였습니다. 결국 동학 교도들 중에는 상소를 통한 운동을 포기하고, 손에 무기를 들자는 사람들이 늘어 갔습니다.

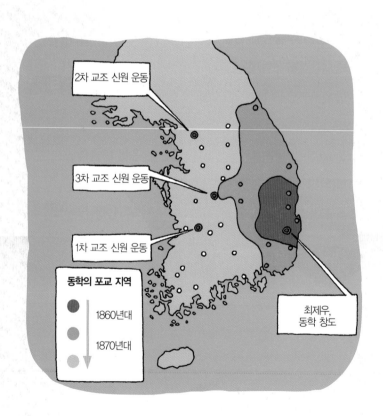

❀ 동학과 천도교는 어떤 관계일까?

　일제 시대의 역사를 공부하다보면 빠지지 않는 이름이 있습니다. '천도교'가 바로 그것입니다. 천도교는 우리 민족이 일제에 저항하며 일으킨 3·1운동 때도 큰 역할을 담당한 종교였지요. 그런데 이 천도교는 동학과 아주 깊은 관계가 있습니다. 19세기의 동학이 20세기 들어서 이름과 모습을 바꾼 것이기 때문입니다. 최시형이 처형당한 뒤 교주 자리를 물려받은 손병희가 1905년에 동학을 천도교로 바꾼 것이지요. 민족 종교인 동학의 후예로서 천도교 역시 독립운동을 위해 많은 힘을 쏟았습니다. 만주에서 싸우던 독립군 중 많은 수가 천도교 신자로 알려져 있지요. 또 어린이날을 만든 동화 작가 방정환 선생님도 천도교 신자였습니다. 천도교는 지금도 활동 중인데 약 10만 명의 신도가 있다고 합니다.

● 손병희(1861년~1922년)
동학 및 천도교의 지도자로서, 민족의 교육과 독립 등을 위해 힘썼다.

● 방정환(1899년~1931년)
호는 소파(小波)로, 어린이를 위한 다양한 운동을 벌였다.

918년 왕건, 고려 건국

993년
거란의 1차 침략,
서희의 활약

1010년 거란의 2차 침략

1018년
거란의 3차 침략,
강감찬 장군의 구주 대첩

1135년 묘청의 난

1170년 무신의 난

1198년
만적의 난

1231년~1254년
6차례에 걸친 몽골의 침략

1236년
팔만대장경 제작 시작

1377년
금속 활자로 『직지심경』 인쇄

오대산 월정사 구층석탑

세계 최초의 금속 활자 『직지심경』
고려 시대에 제작된 금속 활자본으로, 정식
명칭은 『직지심체요절』이라 한다.

팔만대장경이 꽂혀 있는 해인사 내부

1388년
이성계, 위화도 회군

1392년
조선 건국

상감 청자

현화사 칠층석탑

수원성(수원화성)

수원을 새로운 경제 중심지로 키우려는 정조의 뜻에 따라 정약용 등이 계획을 세워 성을 쌓았다. 성을 지을 때 거중기와 같은 과학적 장비가 사용되었다. 1997년 유네스코 세계 문화유산으로 등재되었다. 사진은 수원화성의 북문인 장안문의 모습이다.

1811년 홍경래의 난

1800년 순조 즉위, 세도 정치 시작

중완구

임진왜란 당시 사용되었던 무기. 손으로 불을 붙여 탄환을 발사하는 구조이다.

1637년
삼전도의 치욕

1636년
병자호란

1623년
인조반정

1592년
임진왜란 발발

1545년
을사사화

백자 달항아리

조선 시대를 대표하는 맑고 부드러운 도자기. 일본은 조선의 도자기 기술을 탐내 임진왜란 중 수많은 도자기공을 포로로 데려가기도 했다.

1519년 기묘사화

1506년 중종반정

1504년 갑자사화

1498년 무오사화

용비어천가

훈민정음으로 기록된 최초의 책이다. '뿌리 깊은 나무는 바람에 흔들리지 아니한다'는 제2장의 문구가 유명하다.

1443년
세종 대왕, 한글 창제

고조선 기원전 2333년 경 ~ 기원후 108년
도읍지 | 왕검성

단군왕검

우거왕

가야 42년 ~ 562년

금관가야

1대 수로왕 42~199
2대 거등왕 199~253
3대 마품왕 253~291
4대 거질미왕 291~346
5대 이시품왕 346~407
6대 좌지왕 407~421
7대 취희왕 421~451
8대 질지왕 451~492
9대 겸지왕 492~521
10대 구형왕 521~532

대가야

1대 이진아시왕 ?~?
9대 이뇌왕 ?~?
16대 도설지왕 ?~562

고구려 삼국사기, 기원전 37년 ~ 기원후 668년
도읍지 | 졸본성 → 국내성 → 평양성

1대 동명성왕 기원전 37~기원전 19
2대 유리왕 기원전 19~기원후 18
3대 대무신왕 18~44
4대 민중왕 44~48
5대 모본왕 48~53
6대 태조왕 53~146
7대 차대왕 146~165
8대 신대왕 165~179
9대 고국천왕 179~197
10대 산상왕 197~227
11대 동천왕 227~248
12대 중천왕 248~270
13대 서천왕 270~292
14대 봉상왕 292~300
15대 미천왕 300~331
16대 고국원왕 331~371
17대 소수림왕 371~384
18대 고국양왕 384~391
19대 광대토 대왕 391~412
20대 장수왕 412~491
21대 문자명왕 491~519
22대 안장왕 519~531
23대 안원왕 531~545
24대 양원왕 545~559
25대 평원왕 559~590
26대 영양왕 590~618
27대 영류왕 618~642
28대 보장왕 642~668

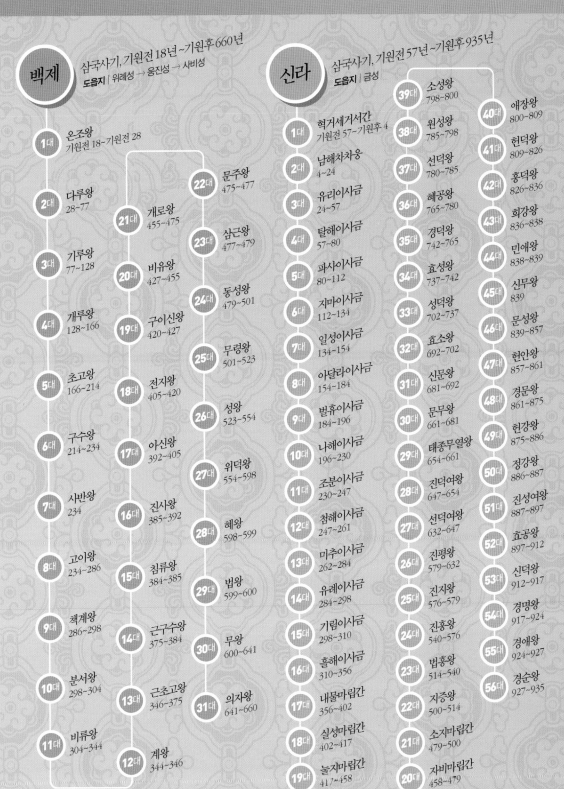

백제 삼국사기, 기원전 18년 ~ 기원후 660년
도읍지 | 위례성 → 웅진성 → 사비성

1대 온조왕 기원전 18~기원전 28
2대 다루왕 28~77
3대 기루왕 77~128
4대 개루왕 128~166
5대 초고왕 166~214
6대 구수왕 214~234
7대 사반왕 234
8대 고이왕 234~286
9대 책계왕 286~298
10대 분서왕 298~304
11대 비류왕 304~344
12대 계왕 344~346
13대 근초고왕 346~375
14대 근구수왕 375~384
15대 침류왕 384~385
16대 진사왕 385~392
17대 아신왕 392~405
18대 전지왕 405~420
19대 구이신왕 420~427
20대 비유왕 427~455
21대 개로왕 455~475
22대 문주왕 475~477
23대 삼근왕 477~479
24대 동성왕 479~501
25대 무령왕 501~523
26대 성왕 523~554
27대 위덕왕 554~598
28대 혜왕 598~599
29대 법왕 599~600
30대 무왕 600~641
31대 의자왕 641~660

신라 삼국사기, 기원전 57년 ~ 기원후 935년
도읍지 | 금성

1대 혁거세거서간 기원전 57~기원후 4
2대 남해차차웅 4~24
3대 유리이사금 24~57
4대 탈해이사금 57~80
5대 파사이사금 80~112
6대 지마이사금 112~134
7대 일성이사금 134~154
8대 아달라이사금 154~184
9대 벌휴이사금 184~196
10대 나해이사금 196~230
11대 조분이사금 230~247
12대 첨해이사금 247~261
13대 미추이사금 262~284
14대 유례이사금 284~298
15대 기림이사금 298~310
16대 흘해이사금 310~356
17대 내물마립간 356~402
18대 실성마립간 402~417
19대 눌지마립간 417~458
20대 자비마립간 458~479
21대 소지마립간 479~500
22대 지증왕 500~514
23대 법흥왕 514~540
24대 진흥왕 540~576
25대 진지왕 576~579
26대 진평왕 579~632
27대 선덕여왕 632~647
28대 진덕여왕 647~654
29대 태종무열왕 654~661
30대 문무왕 661~681
31대 신문왕 681~692
32대 효소왕 692~702
33대 성덕왕 702~737
34대 효성왕 737~742
35대 경덕왕 742~765
36대 혜공왕 765~780
37대 선덕왕 780~785
38대 원성왕 785~798
39대 소성왕 798~800
40대 애장왕 800~809
41대 헌덕왕 809~826
42대 흥덕왕 826~836
43대 희강왕 836~838
44대 민애왕 838~839
45대 신무왕 839
46대 문성왕 839~857
47대 헌안왕 857~861
48대 경문왕 861~875
49대 헌강왕 875~886
50대 정강왕 886~887
51대 진성여왕 887~897
52대 효공왕 897~912
53대 신덕왕 912~917
54대 경명왕 917~924
55대 경애왕 924~927
56대 경순왕 927~935

발해 698년~926년
도읍지 | 동모산 → 상경 용천부

1대 고왕 698~719
2대 무왕 719~737
3대 문왕 737~793
4대 폐왕 793
5대 성왕 793~794
6대 강왕 794~809
7대 정왕 809~812
8대 희왕 812~817
9대 간왕 817~818
10대 선왕 818~830
11대 대이진왕 831~857
12대 대건황왕 857~871
13대 대현석 871~894
14대 대위해 894~906
15대 대인선 906~926

고려 918년~1392년
도읍지 | 개경

1대 태조 918~943
2대 혜종 943~945
3대 정종 945~949
4대 광종 949~975
5대 경종 975~981
6대 성종 981~997
7대 목종 997~1009
8대 현종 1009~1031
9대 덕종 1031~1034
10대 정종 1034~1046
11대 문종 1046~1083

12대 순종 1083
13대 선종 1083~1094
14대 헌종 1094~1095
15대 숙종 1095~1105
16대 예종 1105~1122
17대 인종 1122~1146
18대 의종 1146~1170
19대 명종 1170~1197
20대 신종 1197~1204
21대 희종 1204~1211
22대 강종 1211~1213

23대 고종 1213~1259
24대 원종 1259~1274
25대 충렬왕 1274~1308
26대 충선왕 1298, 1308~1313
27대 충숙왕 1313~1330, 1332~1339
28대 충혜왕 1330~1332, 1339~1344
29대 충목왕 1344~1348
30대 충정왕 1348~1351
31대 공민왕 1351~1374
32대 우왕 1347~1388
33대 창왕 1388~1389
34대 공양왕 1389~1392

조선 1392년~1910년
도읍지 | 한양

1대 태조 1392~1398
2대 정종 1398~1400
3대 태종 1400~1418
4대 세종 1418~1450
5대 문종 1450~1452
6대 단종 1452~1455
7대 세조 1455~1468
8대 예종 1468~1469
9대 성종 1469~1494
10대 연산군 1494~1506
11대 중종 1506~1544
12대 인종 1544~1545
13대 명종 1545~1567

27대 순종 1907~1910
26대 고종 1863~1907
25대 철종 1849~1863
24대 헌종 1834~1849
23대 순조 1800~1834
22대 정조 1776~1800
21대 영조 1724~1776
20대 경종 1720~1724
19대 숙종 1674~1720
18대 현종 1659~1674
17대 효종 1649~1659
16대 인조 1623~1649
15대 광해군 1608~1623
14대 선조 1567~1608

교과서 인물 찾아보기